図解不動産業

不動産取引のコンプライアンス入門

弁護士カホリンがやさしく教える

吉田 可保里 著　藤井 龍二 画　弁護士 渡辺 晋 監修

住宅新報社

はしがき

近年、不動産業界に限らず、「コンプライアンス」というものの重要性が意識されるようになってきています。コンプライアンス、と聞くと、法律違反をしないこと、をイメージされる方も多いのではないかと思いますが、コンプライアンスとは、そのような狭い意味にとどまらず、社内ルールや企業理念、社会常識や倫理観など、あらゆる規範に従って行動するという意味でとらえられています。また、社会の変化に応じてこれまでのルールを見直したり、新しい仕組みをつくることもコンプライアンスの実践の1つです。

この本では、新卒の方やはじめて不動産取引を扱う方でもイメージしやすいように、事例を挙げ、全てマンガで解説しています。この本で取り上げる事例は、日常の不動産取引業務で起こりやすいことや、実際にあったトラブルを基にしていますが、全ての事案はケースバイケースで、ちょっとした事情の違いによって結論が変わる可能性があることをはじめにご理解いただきたいと思います。

この本が初心者の方だけでなく、不動産取引のベテランの皆様や、会社経営者の方たちにとっても、もう一度、日々の業務のあり方を見つめ直すきっかけになれば幸いです。

平成二十五年三月

吉田可保里

目次

売買編 67

賃貸編

コンプライアンス総論編

1 コンプライアンスの意味

コンプライアンスって何？　その1

私たち営業マンは、営業の数字を上げなければ、上司から強く責められますし、会社の業績を上げることもできません。いかにして競争相手より優位に立つかということも重要です。法律違反はしないまでも、できるだけ自由な業務を行うことが売上げにつながり、会社の発展にも貢献すると思うのですが、このような考え方は、正しくないのでしょうか。

コンプライアンスは、かつて法令遵守と訳され、関係法令を守らなくてはならないことを示す言葉でした。しかし現在は、コンプライアンスをそのように理解するだけでは、必ずしも十分ではないと考えられています。「法令遵守」と言わず、あえて「コンプライアンス」と呼ぶのは、法令に限らない様々な規範を通じ、公正な事業を行う姿勢を表すためだと考えられます。

コンプライアンスとは、言い方を変えると、規範を守るということですが、ここで守られるべき規範には、法令、社内ルール、不動産業界や社会全体の常識、倫理感、企業の目指す理念などが挙げられます。

不動産業には、人々が安心して暮らせる安全な住環境を提供する使命があります。それぞれの不動産会社には、企業活動を通じてこの使命を具体化する役割があり、社員はそれぞれの会社においてその役割の一端を担っています。法律に違反しないことはもちろんですが、コンプライアンスとしてはそれだけでは十分ではありません。常に不動産業の使命を果たすための企業活動において、社会や顧客に受け入れられるよう、思い巡らせ、社会の変化に応じてルールやしくみを変えることも必要です。コンプライアンスは、社会や顧客に受け入れられるための礎です。

不動産セミナー
新人研修会
講師　吉田カホリ　弁護士
新人研修
というようにビジネスの社会では決まりに縛られない自由な行動が大切です
みなさんがんばってください
パチパチパチ
お疲れさまでした吉田先生控室へどうぞ
カホリンでいいっていったでしょ高橋クン
は　はい
吉田　いやカホリン先生
わたしたち営業マンは数字が全てです

競争相手に対しいかにして優位に立つかということも重要です
それは私もよくわかります
今のお話で自由な行動というのはどこまで許されるのでしょう？
法律違反はしないまでもできるだけ自由な業務が会社の発展にも貢献できると思うのですが…
コンプライアンスというものの広がりを説明しましょう
講演の中でも話したとおりコンプライアンスとは法令遵守という意味だけど現在は法律を守ることだけでは不十分になっているわ
法令に限らない様々な規範を通じ　公正な事業を行う姿勢が大切なの

コンプライアンスは規範を守るということよ
規範ですか？
守るべき規範は法律に限らないわ
法令
社内ルール
不動産業界や社会全体の常識
企業理念
社会常識や倫理
不動産業は常に人々が安心し暮らせるための住環境を提供する使命があるわ
企業に向けられる社会の目を意識した行動をとることが大切です

2 政省令・ガイドライン

コンプライアンスって何？　その2

仲介業務を行うにあたって気をつけなければいけないのは、どのようなルールなのでしょうか。

まずは、最も身近で直接にかかわるのが、宅地建物取引業法（以下、宅建業法）です。免許制度（3条以下）のほか、購入者等の利益保護のための宅地建物取引業者（以下、宅建業者）の義務や業務処理方法等（31条以下）などを定めています。

このほかには、たとえば、不動産取引を仲介するという行為には民法や商法の規定が適用されますし、また、個人客と仲介契約を結ぶ場合は消費者契約法の適用を受けます。広告をするにあたっては不当景品類及び不当表示防止法の規制もあります。業務のうえで他人の住居に無断で入り込んだり、詐欺行為や横領行為を行ったりすれば、刑法の適用を受けることになります。

守るべきルールには、法律になっているものだけではなく、法律の下の階層に位置づけられるものとして、内閣が定める政令、主務官庁が定める省令、官庁の示す指針（ガイドライン）、公正取引委員会が認定する規約（不動産の表示に関する公正競争規約）といった形をとるものもあります。これらには、法律よりも、より具体的な決まりが書いてあるだけに、日常業務においてはとても重要です。

法律に加え、政令・省令・ガイドラインなども宅建業者の行為規範であるとともに、裁判所の判断も規範となります。新しいやり方を業務に取り入れ、未知の法令が問題となりそうなときは会社のコンプライアンス部門や顧問弁護士に相談するなどする必要がありますが、日常的な業務についても、日々足下を確認しながら、コンプライアンスに反しないように努めたいものです。

格安物件
最高級の施工！
完売間近
この広告には表示規約で使ってはいけないフレーズがあるぞ（※P72参照）
え？
このくらいインパクトがあってもいいのじゃないですか？
表示規約って法律じゃないし厳守しなくともいいのではないですか？
そうじゃないんだ
ちょうどいまカホリン先生がきてるから聞いてみろ
この言葉は確かに表示規約を逸脱してるわ
仲介業務のルールは守らなきゃ

仲介業務のルールと言われて何をイメージします？
宅建業法だけじゃないんですか
もちろんそれも大事よね
宅建業法は免許制度や購入者の利益保護を定めていますが、
仲介業務には民法や商法消費者契約法も関わってきます
広告の場合は不当景品類及び不当表示防止法の規制もあります
あ
もし他人の家に無断で入り込めば刑法だって適用されますね
そ〜

そうか仲介業務には様々なルールが関係するのですね
法律だけでなく政令や省令やガイドライン（指針）もあります
表示規約とは公正取引委員会が認定した不動産業界の自主的なルールです
公正取引委員会
Japan Fair Trade Commission
自主的なルールとはいえ、守らなくてはなりません
日常業務ではそうしたルールの確認が大切ですね
ルールはこうした広がりがあるため迷ったときは専門家に相談するといいですね

3

社内ルール

コンプライアンスって何？　その3

わが社には、言葉づかいやおじぎの仕方など、細かい決まりがあり、非常に窮屈です。常識的な判断で、来訪者に配慮し接遇に気を遣っておけば、そんな細かい決まりは厳密に守らなくてもいいと思うのですが、どうでしょうか。

会社の決めたルールとしては、就業規則や労働協約が代表的です。就業規則は、賃金や勤務時間、休日、服務規律等の労働条件を定めているほか、懲戒処分の内容なども規定しています。

また、労働組合に加入していれば組合が結んだ労働協約もルールであり、職場の大部分の社員が加入する組合の締結した労働協約は、組合に加入していない社員にも適用される場合があります（労働組合法17条）。就業規則や労働協約は、個々の社員が入社の際に取り交わした雇用契約にも優先することがある重要なものです（労働契約法10条、労働組合法16条など）。このほかに、会社によっては、内部通報制度マニュアル、セクハラ防止・対応等の指針、備品の使用方法・有給申請方法の決まりなど細かいルールもあります。

法令や就業規則などではないこれらのルールに違反しても直ちには違法行為とはなりませんし、会社内での処分を受けることはないかもしれません。しかし、会社のルールは円滑な業務や会社の目指す方向性を実現するため工夫して作られているものです。会社は社員がそのルールを守ってはじめてアイデンティティを保てるのであり、ルールの遵守は、そのまま会社の社会的な存在意義となるのです。不合理なルールを見直すことも重要ですが、ルールが定められている背景や意味を考え、尊重することも、社会人としてとても大切です。

ワイワイ
ガヤガヤ
賑わってますね
感謝してるよ松木さん
お宅で仲介してもらった物件がよかったんだね
なによりです
Prima Miraoi
しかし忙しくて人手が足りなくてうれしい悲鳴だよ
ぼくが手伝いましょうか？
えっ
この店気に入ってるしどうせ夜や休日はヒマしてますからバイトってことで
ほんとかい⁉

ふあ
遊び疲れ？
あっ カホリン先生
えっ バイト？
いや その
アルバイトは就業規則に定める兼業の禁止に触れて懲戒処分の対象になるわよ
え!?
会社には就業規則や労働協約というルールがあるのですよ
○○不動産株式会社
他にも内部通報制度マニュアル セクハラ防止・対応 備品や有給申請など細かなルールもあります

法令ではない これらのルールは 違反しても直ちには法律違反 にはなりません
ほっ
でも 社内のルールは スムーズな 業務や 会社の 理念の ためでも あるのです
社員が これらを守ることで 会社のアイデンティティを 保つことになるのです
ルールの背景や 意味を考え 尊重する ことも 社会人として 大切よ
はい
コンプライアンスって 単なる法令遵守でなく もっと広い意味が あるのですね
その とおり
ところで 先生 お店の 割引券 あります から どうぞ

4

社会常識・倫理

コンプライアンスって何？　その4

当社では、現在、知人を通じて会社や学校の名簿を入手し、ダイレクトメールの送付先にしたり、電話営業の際に利用したりしています。同業者も同じように名簿を利用した営業を行っているようです。最近は個人情報に関しての規制が厳しくなって、不正な手段で入手した個人情報を使って営業することはいけないことだと聞きました。でも、名簿が不正な手段で入手したものにあたるのかどうかよくわかりませんし、当社だけが名簿を利用しなければ、他社と比べて売上げが減少してしまいます。それでも名簿の利用は考え直さなければいけませんか。

あらゆる事業活動は社会の中で行われており、常に社会からの批判や評価を受けます。そのため、社会の常識や倫理観が変化すれば、それに従って事業活動も変化せざるをえません。不動産業界も常識の変化に対応することが必要です。

社会や業界の常識・倫理観に反した事業活動を行えば、会社が社会や業界から信頼を得ることができないばかりか、社会における業界全体の信頼をも傷つけることになります。そのような会社は将来的に発展が望めないことも、間違いないでしょう。

知人や名簿業者などから名簿を入手することなども、過去においてはそれが当たり前だった時代もあるようですが、今の常識では不適切です。それは、社会全体が個人情報の保護に高い関心を持ち、個人情報保護法などの法律が整備され、社会常識が変化してきた結果なのです。不動産業者としても常に社会や業界がどのような問題意識を抱え、どう変化しているかを意識し、その変化に対応していかなければなりません。

関心ありません
もう電話しないで!
プッ
ふう 同窓会名簿で電話をするのは大変だわ
まだこのようなことを?
他業者もやってますからね
これだから不動産業界がうさんくさいって言われるのですよ
名簿は知人からのものです
社会の常識の変化に対応できていないようではダメですよ
今の時代は個人情報の保護に関心が高いのです
受ける側は知らない会社から電話があれば不審感が増し会社にとっても利益になりません

5

企業の目指す方向性

コンプライアンスって何？　その5

これから販売代理を行う新築マンションの周辺環境について調査をしたところ、近くに高圧電線が通っていることがわかりました。高圧電線は、マンションの室内から見えはしますが、数ブロック離れていて、それほど眺望を害するものではなく、健康に影響するものでもありません。わざわざ購入者に説明しなくてもいいようには思いますが、上司からは、「お客様の笑顔を創造することが当社のモットーだ。顧客への安心の提供を会社の方針としている以上、説明が必要だ」との指示を受けました。わざわざ物件を売りにくくするような説明をしたほうがいいのでしょうか。

仕事は様々な場面で判断の連続です。すべての仕事には色々なやり方、手段が考えられるところ、日常的にその中から一つの判断を選択しているわけです。そこで、選択の判断基準とは何かを考えてみる必要があります。

まず判断基準として、法令、社内ルールがあることはご説明しました。ただ、すべての事柄に法令等のルールがあるわけではなく、ルールがなければ、常識に叶い、企業として目指すべき方向性に反しないような判断をしなければなりません。

上司は、高圧電線の説明をすることが、会社の方針に沿うとお考えのようです。マンションの購入者はできるだけたくさんの情報を必要としていることは確かであり、説明によって仮に一時的に購入者にネガティブな印象を与えるとしても、トラブルを防止し、長い将来を考えると、顧客の信頼を得られ、会社の利益になるという判断でしょう。仕事の進め方につき、納得がいかないとすれば、上司と十分に話し合い、共通の理解をしておかなければなりません。

わが社のモットーは「お客様の笑顔のために」だ
しかしこんな情報は…。
なにをもめてますの？
新築マンションの周辺環境を調べたところ、高圧電線が通っていたんです
今日も笑顔で
先生聞いてやってくださいよ
マンションからは数ブロックなので気にする必要はないと思うのです
健康にも眺望にも全く関係ありません

わたしは会社の理念に従いお客様のためにも情報を説明するようにいっておるのですが
あえて不利なことを言う必要はないと思いますが…
社内の理念があるならその理念に沿って行動すべきじゃないかしら?
もしネガティブな事項でも長い目で見ればメリットはあるはずよ
マンション購入者の立場に立ってみたらどうかしら?
どんな情報も必要と思うでしょうね

たとえ離れていても高圧電線があることは重要な情報じゃないかしら？
判断をするのは購入者ですよ
たとえ不利になる情報でも購入者からすれば正しく知らせてくれた会社に対して信頼感が高まります
それに後々のトラブル防止にもなります
長い目で見れば情報を説明することは有利になります
そのことも含め上司と十分話し合うべきでしょうね
はい

6 私的な交際

不適切ではないでしょうか？

同僚が、営業先の既婚者の女性と不適切な交際をしているようです。業務をさぼってはいませんし会社に迷惑もかけていないようですから、口を出さず放っておくべきでしょうか。

コンプライアンスの問題というと、最初に、法律違反や業務停止命令などの場面がイメージされますが、コンプライアンスが問題とされる場面は、とても広がりがあります。

商品に起因する事故への対処を誤れば、会社イメージが低下して消費者が離れ、販売が落ち込むことにもなります。暴力団との関係を断ち切ることができなければ、反社会的勢力に与しているとの評価を受けます。上場企業が粉飾決算をし、株式市場のルールにより上場廃止となれば資金調達が困難になります。対内的にみると、セクハラを会社が放置したことが原因で損害賠償請求を受けたり、有能な人材が離れるということもありえますし、社員の士気が下がってしまうこともあるでしょう。

さらに、コンプライアンスの広がりは、裁判や行政処分につながりかねない問題だけではなく、日常的な業務の積み重ねにも及びます。日々感じる「これでいいのか？」という些細な疑問も、とても大事だと考えるべきでしょう。

とはいえ、業務とかかわらない問題にまで、規範意識を押しつけるのは、コンプライアンスの趣旨からはずれます。ご質問のケースも、基本的には、よけいな口をはさむべきではない事案でしょう。普通は、見て見ぬふりをするというのが、常識的な対応だと思われます。ただ、今後、不適切な関係が業務に関係してくることがありうるとしたら、同僚との職場関係や交際の程度次第で、同僚に忠告したほうがいい場合があるかもしれません。また、場合によっては上司に相談したり、内部通報窓口を活用するといった事態にまで発展することも考えられないことではありません。

不動産株式会社
おはようございます カホリン先生
お おはようございます
ねえ 今の人 ステキね 誰？
先生まで
？
問題児なんスよ
彼は社内でもモテ男で不倫してるというウワサがあるんです
HOTEL
HOTEL
まあ あれほどのイケメンだものねー
あら
相談って何でしたっけ？

まさにあいつのことです
仕事もしっかりしているし問題ないのですが―こういう噂が外に広がるとなるとどうしたものかと思いまして
コンプライアンスというと法律違反とか業務停止命令などを思い浮かべますが実際はもっと広いのです
商品欠陥暴力団との関係粉飾決算など社会的なものからセクハラやスキャンダルなどヒューマンなもの。さらに日常業務の些細なものまで及びます

しかし業務と関わりのない問題まで押しつけるのはどうかしら
これは個人の問題です
むずかしいけど今の時点では会社として何か対応しなくてはいけない状況じゃないと思うな
でも相手が取引先だったりこういうのが公になれば業務にも関係してくるのでは？
確かに。まずは同僚などの忠告とかがいいんじゃないかしら
上司とも相談してみます
カホリン先生お帰りですか？
今度一回食事でも付き合ってくださいよ
は はい♡
先生…

7

トラブル防止の視点

キッチン周りは大理石じゃなきゃ！

購入を検討中のマンションについて、リフォームの相談をされました。このマンションでは、管理規約で床仕上げ材はカーペットか、遮音性能の高いフローリング材以外を使ってはいけないことになっているのですが、こちらのお客様は、一部分だけタイル張りにしたいというご要望でした。部屋の一部分のみでしたら下階への音の問題は生じにくいでしょうし、売買契約のあとにリフォームするそうなので、仲介業者である当社に関係のないお話であるようにも思います。どのようにお答えしたらよいでしょうか。

不動産業におけるコンプライアンスの重要性からみて、日々の業務で具体的にどのようなことに気を付けて行動したら良いのでしょうか。

まず、あとでトラブルにならないだろうか？　トラブルになるとしたら、どのような揉め事になるだろうか？という心構えを常に持つべきです。このケースでは、リフォーム工事後、下の階の入居者から足音が響くというクレームが生じ、そのクレームを受けた買主が、仲介業者に対し「リフォーム工事をすることについて了解したはずだ」と文句を言ってくる可能性があります。最終的には、マンションの管理組合を巻き込んでの問題に発展することになりかねません。

トラブルを予防するため、そしてトラブルが起きてしまったときに備えて、コンプライアンスの点から、実行した事柄を明確に記録に残すことも必要です。今回のケースでは買主に対し、契約締結前に管理規約を渡し、その際にタイル張りにはできないことについて説明しメールやＦＡＸ等、記録に残る方法で送るようにしておいたほうがいいのではないかと思われます。

不動産株式会
いいか メールか 文章で 伝えて おけ！
はい
カホリン 先生 お待たせ しました
どう したの です？
大声で すみません
部下が お客様の いいなりに なりそうだったので 注意を してたの ですよ
まあ
いい お部屋だわ
ありがとう ございます
フローリングは 安っぽいから 高級カーペットに したいわね
キッチンの 床は大理石に 変えたいわ

あなたも
そう
思わない？
はあ
カーペットは
問題ないし
大理石も
一部なら
大丈夫
だろうけど
あの…
お客様
申しわけありませんが
このマンションの
管理規約上
大理石は使用できない
ことになっています
残念ねえ
じゃあ
他を
あたるわ
リフォームは
ウチと関係
ないから
問題なかった
のでは
ないですか？
大あり
だ

もしリフォームをして
下の階からクレームが
生じたらどうなる?
仲介業者が
OKした
はずよ
こうなると
マンションの管理組合を
巻き込んでの問題に
なり、トラブルになる
あ
我々が
トラブルの
発生に
加担しては
ならない
トラブルが起きた際に
備え、お客様には
きちんと説明し
記録を残す
ように指示したのです
はい
その通りで
すね

8 個人情報保護法

そのままゴミ箱に放り込んだらダメでしょう!?

個人情報保護法という法律があると聞きました。どのようなことが決められているのでしょうか。

個人情報保護法では、過去6カ月間に5000件以上の個人情報をデータベースとして保有したことのある事業者を、個人情報取扱事業者とし、個人情報を守るための様々な義務を課しています。不動産業者はレインズ＊を使用して物件情報を管理したり、顧客（過去のものを含む）、オーナー、連帯保証人等の情報を保有していることから、ほとんどすべての不動産業者が個人情報保護法上の個人情報取扱業者にあたります。

① 個人情報とは、特定の個人を識別することができるもの、または他の情報と合わせると容易に識別できる情報です。個人情報については、(a)利用目的をできる限り特定し目的の範囲内で使用すること、(b)利用目的を個人情報の取得後速やかに「通知」するか「公表」すること、(c)個人情報を不正な手段を使って取得しないことが義務付けられています。

② 個人データとは、①の個人情報を検索できるように整理しているデータベース中のそれぞれの個人情報です。個人データは、正確かつ最新の内容に保つよう努めなければならず、情報が漏えい、毀損、滅失しないよう適切な措置を講じる等の義務があり、無断で第三者に対して提供することも禁止されます。

③ 保有個人データとは、②のうち、公表されると損害をおよぼすおそれのある個人情報のうち6カ月以内に消去することが予定されていないものです。保有個人データに関しては、本人の求めに応じ、情報を開示し訂正等に応じる義務があります。

＊レインズ：Real Estate Information Network System（不動産流通標準情報システム）の略称で、国土交通大臣から指定を受けた不動産流通機構が運営しているコンピュータ・ネットワーク・システムの名称

これって顧客データじゃないですか？
え？
こんなところに置いておくのはいけませんね
すみません
個人情報保護法で個人情報の取扱いには十分注意しなくてはいけません
はい
不正な取得や漏えいなど管理も大切です
リストにはDMを送ることに同意していない人は含まれていません
当然です
こんな風にミスコピーもゴミ箱に捨てるのはいけません
シュレッダーにかけます

9 セクシャル・ハラスメント

いくらお客様でも営業担当は女性です！

女性営業担当である私が来訪すると、卑猥な言葉をかけてくるマンションオーナーがおり、とても不快な思いをさせられています。大事なお客様ですし、単なる冗談として受け流し、我慢しなくてはいけないのでしょうか。

セクシャル・ハラスメント（以下、セクハラ）が強く非難される行為であることは、すでに常識です。多くの会社で、セクハラ防止マニュアルや行動指針が作成されています。

ところで、セクハラ問題は社内だけで生じるとは限りません。営業活動で顧客からセクハラ被害を受けるということもあり得ます。このような場合、会社との関係に気を遣って被害を訴えづらく、また仮に会社に相談しても、重要な取引先などが相手である場合には、会社が真剣に対応をしてくれないといったおそれもあります。

業務上のセクハラに関する会社の責任は、何も社員同士の問題に限られません。セクハラを原因とする会社の損害賠償責任を認めた裁判例では、会社には従業員が働きやすい職場環境を保つよう配慮すべき義務（職場環境配慮義務）があるとされ（津地方裁判所平成9年11月5日判決など）、この従業員が働きやすい職場環境を保つよう配慮すべきだとの内容には、社員が加害者になる場合だけではなく、社外の第三者が加害者になる場合を含むと解されます。

顧客から執拗な嫌がらせを受けるなどということがあれば、遠慮せず会社で対処方法を相談するべきです。顧客との取引の中止を検討しなければならなくなるかもしれませんが、人としてあってはならない事態を放置しつつ、会社の利益を優先するということが許される時代ではありません。

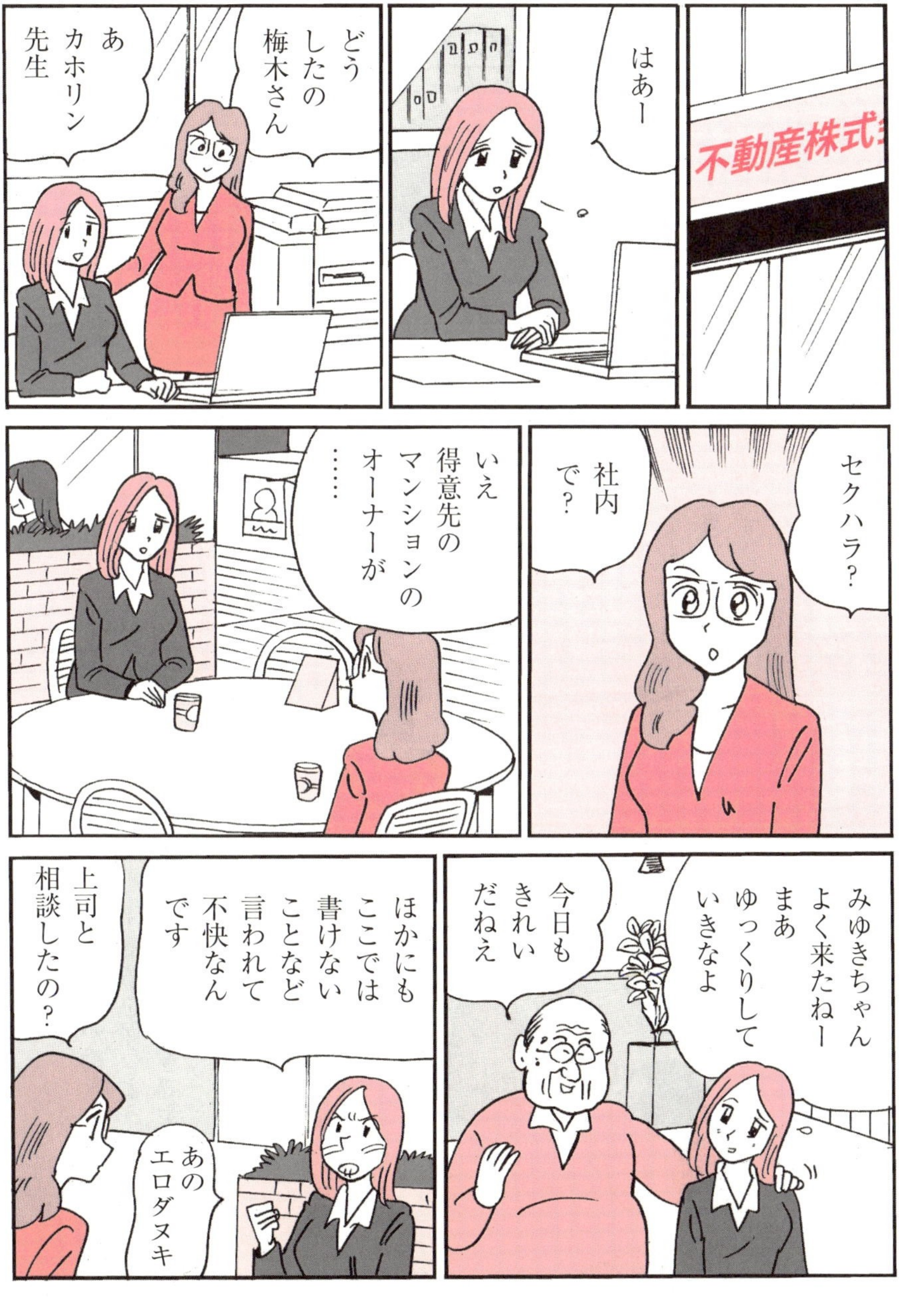
不動産株式
はあー
どうしたの梅木さん
あ カホリン先生
セクハラ?
社内で?
いえ 得意先のマンションのオーナーが……
みゆきちゃん よく来たねー まあ ゆっくりしていきなよ
今日もきれいだねえ
ほかにもここでは書けないことなど言われて不快なんです
上司と相談したの?
あのエロダヌキ

まあ、わいせつ行為をされたわけじゃないし大事な得意先だからさ
と言われてますけど我慢しなくてはいけないのでしょうか？
携帯に電話もかかってくるし…
セクハラは社内だけの問題ではなく営業活動でも問題になっています
でも取引先との関係もあって真剣に対応してもらえないことも多いのが現状です
会社は従業員が働きやすい環境を保つよう配慮すべきです
今のようにセクハラを放置している状況は許されません

しかし
オーナーが
ヘソを曲げて
取引が中止に
なることに
なったら…
顧客から嫌がらせがあったり
取引中止になっても
会社として毅然とした
対応をすべきではないですか
セクハラを放置し
会社の利益を
優先するような
時代ではありませんよ
わかり
ました

10 パワー・ハラスメント

たとえ部下から上司にだって許されません！

私には、他の先輩には良い顔をするのに、私に対してはあからさまに馬鹿にした態度をとる部下がおり、業務の指示をするのが苦痛でなりません。立場としては私が上司とはいえ、このような部下の態度は、パワハラではないでしょうか。

パワー・ハラスメント（以下、パワハラ）にあたるかどうかは、当事者の受け止め方次第のところがありパワハラにあたるかどうかの判断は難しいところです。また業務上の指導が相手に嫌な思いをさせることも避けられません。そのためこれまで何をもってパワハラとするかが、やや不明確でした。

しかし職場のいじめ・嫌がらせは、意欲の低下や人間関係の悪化により生産性を下げ、職場全体に様々な悪影響を与えます。厚労省のワーキング・グループが公表した報告書（平成24年1月30日付）において、パワハラとは「同じ職場で働く者に対して、職務上の地位や人間関係などの職場内の優位性を背景に、業務の適正な範囲を超えて、精神的・身体的苦痛を与えるまたは職場環境を悪化させる行為をいう」として、公的な定義が示されました。この定義からみると、①職場内の関係を背景にして、②業務の適正な範囲を超える場合にはパワハラに該当するのであり、部下から上司に対する行為も含みます。専門知識を持たない管理職の上司に対し、部下が馬鹿にして無視をするような行為も、パワハラにあたります。

他人の人格を尊重せず、人として相手を蔑視するところに、パワハラの根本があります。それぞれの人の立場や能力は異なっても、優位な関係を利用して他人に不快な思いをさせることのないように心がけなければなりません。

石川クン 添付の 報告書が 開けない んだよ
…
上司が PC使えない んじゃ 困るよなあ
チッ
…
石川さん 嫌がらせは パワハラよ
え?
パワハラ って 上司が 部下に するもの でしょ? カホリン 先生
パワハラは 優位な立場を 利用して 相手を不快に させる行為を いうのよ
知らな かったス
イヤ味を 言うより 教えてあげる ほうが 仕事が はかどるわよ

11 労働時間と残業代

残業代もらってないのに……

私は営業を担当しており、毎日夜遅くまで外回りをしてかなりの残業をして頑張っているのですが、残業代は全くもらっていません。人事に聞いてみても、営業職手当は残業代の意味もあるとの一点張りです。手当といってもわずかですので、納得がいきません。

労働者の勤務時間は一日8時間以内と定められており（労働基準法37条2項）、これを超えて業務を行った場合には、会社は労働者に対して、残業時間分の賃金および割増賃金を支払わなければなりません（同法37条1項）。

ところで、残業代は必ずしも「残業代」という名目で支払われる必要はありません。会社によって様々な「手当」として支払われていることがありますが、このような定額の手当によって残業代を支払うことも可能です（大阪地裁昭和63年10月26日判決）。しかしその場合でも、法律上支払い義務のある金額より少ないことは認められませんし、また、割増賃金部分とそれ以外の賃金部分とが明確に区別されなければなりません（東京地裁平成3年8月27日判決）。

ご質問にあるような営業職手当としての給付があっても、そもそもそれが残業代であることが明確でなければ、問題です。外勤の多い業務内容に対するねぎらいとして支払っているというだけでは、残業代支払い義務を果たしたことになりません。また、法律上支払い義務のある額を満たし、割増賃金部分が明確にされていることも必要です。残業代がきちんと支払われているか疑問がある場合は、まずは賃金規程など会社の就業規則を根拠にきちんと支払い状況を説明するよう会社に求めてみるのがいいと思います。

ハウジング
ふー
古川さん
こんな遅くまで仕事?
あ、カホリン先生もお仕事ですか?お疲れ様です
大丈夫?目の下にクマがあるわよ
先生も
やかましいこれは違う
すすんません
残業代もないのに深夜まで働かされて身体がもちませんよ
まあ

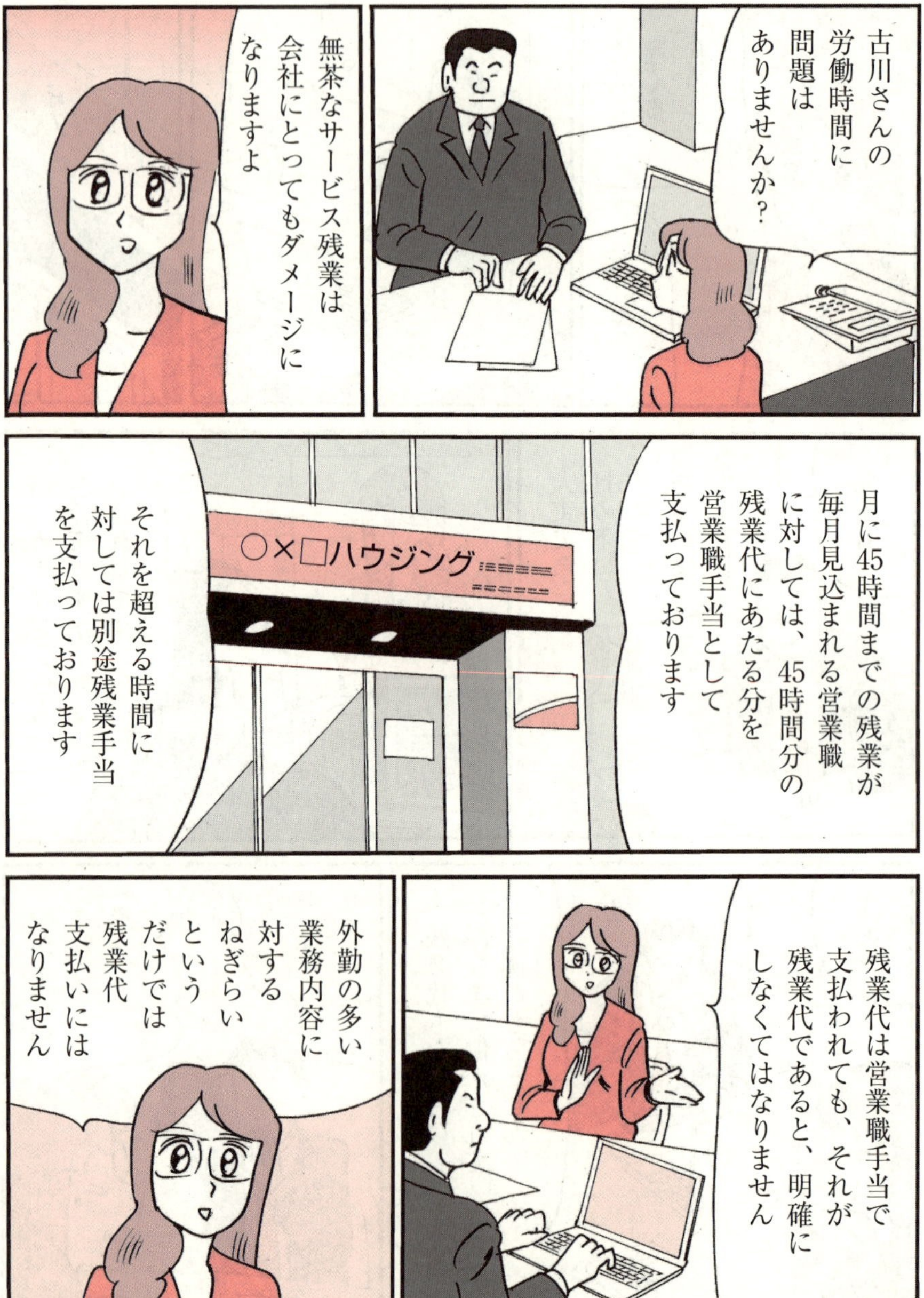
古川さんの労働時間に問題はありませんか？
無茶なサービス残業は会社にとってもダメージになりますよ
月に45時間までの残業が毎月見込まれる営業職に対しては、45時間分の残業代にあたる分を営業職手当として支払っております
○×□ハウジング
それを超える時間に対しては別途残業手当を支払っております
残業代は営業職手当で支払われても、それが残業代であると、明確にしなくてはなりません
外勤の多い業務内容に対するねぎらいというだけでは残業代支払いにはなりません

その点は大丈夫です
しかし古川が残業代がないというのは妙ですな
記録を見ても正しく支払われております
古川さん本当に45時間も残業しているのですか?
え?
昼休みや直帰もあるから
正確にはわかりません
オーバー残業代はちゃんと支払われるそうよ
もし不服ならば会社の就業規則を根拠に会社と話し合ってくださいね
はい
それと残業しても仕事がはかどるとは限らないわ

12

宅建業者の守秘義務

「契約書のコピーを送ってほしい」という連絡があったけど、どうしよう……

先日、弁護士会からある物件の賃貸借契約書のコピーが欲しいという照会の通知がありました。このような通知を受けたのは初めてなのですが、契約書のコピーを送付しなければならないのでしょうか。

宅建業法では、宅建業者は、業務上知り得た秘密を漏らしてはいけないこととされています。宅建業者の使用人も、業務を補助したことで知り得た秘密を漏らしてはいけません。この秘密を守る義務は、宅建業を営まなくなったあと、宅建業者の使用人でなくなったあとでも免れません（45条、75条の2）。宅建業者は、その携わる業務の性質上、他人の経済的な事情や、人に知られたくない事柄を知る機会が多くなります。そこで依頼者の利益を守る必要があることから、このような義務が課されているわけです。

ただし、秘密に属する事項であっても、正当な理由があれば、第三者に伝えることができます。国交省が示している宅建業法の解釈・運用の考え方（ガイドライン）によれば、裁判で証人になる場合、依頼者本人の承諾があった場合、取引の相手方に真実を告げなければならない場合など、正当な事由があると判断できるとされていますが、具体的に、どのような場合に、どこまでの秘密を明かすことが許されるかは、とても難しい判断となります。裁判例では、弁護士法23条の2の規定に基づく、弁護士会の照会に対して必要な範囲内での回答をした場合、正当な理由があるとされたケースがあります（東京地裁平成22年8月10日判決）。正当な理由があるかどうかの判断に迷ったときには、必ず弁護士に相談するべきでしょう。

そういえば最近○×社っていい商品出してるね
おっ知ってるのか?
実はあの会社の事務所ってオレのー
あっ
どうした?
いやっなんでもない
あぶない守秘義務違反になるとこだった
口チャック
不動産株
平井さん○×株式会社のことで弁護士会からこんなの届いてますよ
照会書?

○×株式会社のこれまでの契約書が欲しいと書いてある
これって守秘義務としてどうなんだ？
というわけでご相談を願ったわけですカホリン先生
なるほど宅建業法違反にならないかということですね
ご存知のように宅建業法では守秘義務が定められており業務を営まなくなったあとでもそれは守らねばなりません
でも正当な理由があれば第三者に情報を開示することができます

正当な理由？
国交省が示すガイドラインでは裁判の証人の場合
依頼者本人の承諾があった場合
OK
取引の相手側に真実を告げなければならない場合などです
正当な理由といえるかどうかの判断は難しいのですが弁護士会の照会は正当な理由にあたるとした判例があります
では照会書の内容を拝見させていただけますか？
はい
照会に応じるべきか検討しましょう

13 プライバシーの権利

宅建業者にはいろんな情報が入るけど……

営業部のAさんは、マンション賃貸の仲介でお客様を案内する際、「このマンションにはタレントのXさんが住んでいるんですよ。会えるかもしれませんよ。」といって営業しているようです。そのマンションには本当にXさんが住んでいるらしいのですが、このような営業をしてもいいのでしょうか。

宅建業者は、業務上取り扱ったことについて知り得た秘密を他に漏らしてはならない義務を負います（宅建業法45条）。宅建業者は、他人の秘密に属する情報を知る機会の多い立場にあります。秘密が守られるという安心感があってこそはじめて、依頼者や社会からの信頼を得ることができるのであり、秘密保持は、信頼の基礎です。

マンションの賃貸仲介を業務として行った以上は、マンション全体について、様々な情報を知ることになります。宅建業者として取り扱わなかった部屋に関する情報も秘密にあたりますから、Xさんが住んでいることも、他に漏らすことは禁止されると考えられます。

また、人がみだりに他人に知られたくないと考える事柄のことを「プライバシー」といい、法律上手厚い保護を受けています。Xさんにとってどこに住んでいるかは他人に知られたくない事柄であることは明らかであって、このAさんの行動はこのタレントのプライバシーを侵害する行為ともなります。損害賠償を請求される可能性もないとはいえません。

宅建業者は人に知られたくない事項を取り扱う業務を行いますから、依頼者から受領した個人情報に限らず、業務上知ったすべての情報に関し、取扱いには十分気を遣わなければなりません。

いいマンションですね
お勧めの物件です
ここだけの話このマンションにアイドルグループの風間ももちゃんも住んでいると管理人さんがいってました
え⁉
契約します！します！
他人の個人情報を漏らすのは重大な宅建業法違反ですよ！
あー⁉

14 内部通報

告げ口したら仕返しが心配……

最近、当社が取り扱っていない物件について、当社名で賃貸仲介がなされているという噂を聞いて調べたところ、店長が、自分の知り合いにうちの会社の名前を使わせているようだということがわかりました。当社には内部通報の制度がありますので、この制度を使って会社上層部に伝えてやめさせたほうがいいと思うのですが、通報することで私が店長に恨まれ、クビになってしまうようなことにならないか心配です。

内部通報の制度は、社内で弱い立場にある現場の人たちからも、積極的に問題の報告を受け付けようという制度です。通報が、告げ口であるとして非難や攻撃の対象となるようなことがあっては、せっかく通報の仕組みがあっても従業員は通報を敬遠してしまい、元も子もありません。そのため、内部通報制度においては通報したことが通報者の不利益とならないような配慮がなされており、内部通報制度を社内の規則として定めている会社は通常、通報したことをもって通報者に不利益な取扱いをしてはならないことも併せて定めています。

また、もし会社としてはそのような規則を定めていない場合であっても、質問にあるような会社の犯罪行為を通報するなどして労働者を解雇したり懲戒してはいけないことは、公益通報者保護法という法律で明確に定められていますし（3条、5条）、不合理な理由でされた懲戒処分は裁判上も認められません（労働契約法15条）。

内部通報制度や公益通報者保護法により通報者を保護する仕組みができていますので、不正に対しては、見て見ぬふりをせず、毅然とした対応をとることが会社の利益になるはずです。

不動産株式
中井さん元気ないわね
あ カホリン先生
先生
店長が不正に名義貸し行為をしているって確かなの？
はい
不正は見過ごすことはできないけど店長相手じゃヘタしたらクビになるかもわかりません…
御社の内部通報制度には従業員が不利益な扱いをされてはならないと定めてます
この制度がなくても公益通報者保護法というのがあるから大丈夫よ
告発します！

15

犯収法の本人確認

あとでコピーを送ります!?

店頭で購入申込みを受けました。お客様に運転免許証による本人確認をお願いしたところ、運転免許証を忘れてきたので、あとでコピーを送りたいと申し出がありました。本人確認の方法として、それでよろしいでしょうか。

宅建業者が売買の仲介をする場合には、犯罪による収益の移転防止に関する法律（「犯罪収益移転防止法」、「犯収法」あるいは「マネロン法」とも呼ばれている）によって、顧客の本人確認が義務づけられています（4条1項）。

本人確認は、一般に、運転免許証や健康保険証、パスポート等の公的書類の原本を確認する方法によって行われています。申込者が公的書類を持っていないときに、後日コピーの送付を受けるというだけの方法では、法律上の本人確認とは認められません。コピーの送付を受けて本人確認を行おうとする場合は、その書類からわかる住所に宛てて、転送不要の書留郵便によって取引関係文書を送らなければならないことになっています（同法施行規則3条1項1号ハ）。コピーの郵送を受けるだけでは、原本が存在するのか、本人が送ったものかなどの確認ができないため、コピーだけの場合、とても慎重な手続きが求められているのです。

犯収法は、本人確認のあと、本人確認の記録を7年間保管することを義務づけています（同法6条2項）。多くの場合、本人確認の際に受け取ったコピーを添付して、記録の保管としており、そのため、本人確認の方法としても、お客様からもコピーを送ってもらえば済むようにも思えますが、それは誤りです。必ず原本を確認することによって本人確認をしてください。

不動産株式
では契約に際しご本人確認のため免許証など拝見いたします
あ
忘れてきた
あとでコピーを送るからいいだろう?
それは――
少々お待ちください
本人確認は運転免許証や健康保険証パスポートなどの公的書類の原本を提示してもらわないといけない
そうですね?カホリン先生
はい

コピーでは本人確認と認められませんよ
コピーの場合、転送不要の書留郵便で本人確認する方法がありますが……
本人限定受取到着のお知らせ
転送不要
宅建業者の仲介の場合犯罪による収益の移転防止に関する法律（犯収法またはマネロン法）でお客様の本人確認が義務づけられているのは知ってるでしょ
そっかコピーじゃ原本があるかどうかもわからないですね
そのことをお客様に説明して納得してもらうほうがいいわよ
はい

申しわけありません。原本による本人確認をお願いしたいのですが
しょうがないな
コピー郵送はダメなの？
コピー郵送の場合はお客様の住所に確実に関係種類が届いて初めて確認がとれるようになっています
免許コピー
会社
書留
本人
確認
そっちのほうが面倒だなア
わかった明日免許証を持ってくるよ
申しわけありません
物件は確保しておいてくれよ
ガタ
犯収法では本人確認の記録を7年間保管するように義務づけられているわよ
はい

16 暴力団排除条例

ただ仲介するだけですけど関係ありますか？

暴力団排除条例がたびたびニュースになっています。この条例は、仲介業者にはどのように関係するのでしょうか。

反社会的勢力の排除は、社会共通の目標です。しかるに、暴力団関係者による不動産取引がなされると、取引対象の土地建物が暴力団活動の拠点にされるおそれがあり、また不動産取引は暴力団の資金獲得活動に利用される危険を秘めています。不動産取引については、従来から、暴力団排除の必要性が高いと考えられてきました。

こうした中、全都道府県で暴力団排除条例が平成23年10月1日までに施行されました。暴力団排除条例は、所有者と仲介業者の両方に責務を課しています。

東京都の場合、所有者については、譲渡や賃貸を行う場合には、暴力団事務所として利用しないことの事前確認を行わなければならず、万一土地建物が暴力団事務所に使用されてしまったときは契約を解除できる条項を契約に盛り込まなければならないものとされています。仲介業者に対しては、このような所有者の責務が守られるように助言など必要な措置をとること、暴力団事務所に使用されることを知っている場合には仲介を行わないことを求めています。

暴力団排除条例の規定は一部を除いて事業者の努力を求めるもので、従わなかったからといって、罰せられはしません。しかし、違反事業者は立入調査を受けたり社名公表等の措置を受けたりすることもあります。暴力団排除に向けた取組みを求める社会の一員としての役割を果たすことは、企業としての使命です。

コンプライアンスの遵守を示し、かつ仲介業者自らの身を守る意味で、暴力団排除条例の要請に応えた業務が必要です。

会議室
暴力団など反社会的勢力排除に向けた仲介業者の取組みですが――
暴力団排除条例では所有者と仲介業者の双方に責務が課せられます
暴力団排除条例
仲介業者には所有者に対し暴力団排除条項を契約にもりこむ等の適正な助言が求められています
罰則はあるのですか？
一部を除きそれはありませんが違反事業者は立入調査や社名公表など受けることもあります
そのほうが厳しいね
茶

17 暴力団関係者のチェック

怪しい者ではありません！

物件の購入を希望している来店者が、その風貌やこわもての態度からみて、暴力団関係の人かもしれないという感じを受けています。ただ、見た目だけで判断をしてしまうのもどうかと思いますし、お客様からは手続きを催促され困っております。どうすればいいのでしょうか。

契約をしようという相手方が暴力団関係者であれば、申込みを謝絶しなければなりません。まずその前に、暴力団関係者かもしれないという疑いがあるかどうかの判断が必要であり、風貌や態度もひとつの要素です。

さらにそのほか、①勤務先や電話番号、家族構成等についてはっきりしたことを言わない、②予算や物件の所在地域について明確な希望がなく、とにかく早く決めたがる、③多額の資金について、出所の不明な現金が一括して用意されているなどは、通常の取引であれば考えにくい状況です。説明を求めても、納得がいくような説明がない状況であれば、疑わしい取引だと判断したほうがいいでしょう。

不動産業界団体では、契約前に取引の相手方が反社会的勢力であるか否かを判断するための支援ツールとして、「反社会的勢力データベース」をつくり、警察等に相談する前の補完的手段として団体に所属する各社がこのデータベースを利用できる体制が整えられています。

暴力団関係者かもしれないと考えられる場合は、コンプライアンス担当等を通じ、警察や各都道府県に設置された暴力追放運動推進センターに相談する必要があります。警察自身が保有している情報も内部指針に基づいて照会者に提供されるので、暴力団関係者ではなかったということであれば、疑いを解消することができます。

しかし先生、そのスジの人かどうかをどう見抜くのです？
怪しい人相だけで疑うのはお客様に対して失礼ですな
だいたいわれわれ不動産関係者は顔つきが怪しい
ほんまでんな
人のこといえませんよ
ほっといてんか
風貌や態度もひとつの判断要素です
取引内容でも判断できます
といいますと？

勤務先や電話番号家族構成などがはっきりしない
予算や物件要望に明確な条件がない
早く決めたがる
現金で即決したがる
取引の内容があやふやというのも怪しいですな
多くの物件を扱っている皆さんならわかると思います
参考になるものはありますか?
こういう手引き書※もあります
適正な不動産取引のための
反社会的勢力排除の手引き
反社会的勢力排除条項の活用
NO!
さらに支援ツールもあります

※平成23年７月、㈳全国宅地建物取引業協会連合会、㈳全日本不動産協会、㈳不動産流通経営協会、㈳日本住宅建設産業協会編著・発行

「反社会的勢力データベース」という反社会的勢力であるか否かを判断するデータベースが整備されています
物件を急いで探しているのだが
ぬっ
こ、こわっ！暴力団関係者かもしれない
まずはデータベースで照会してみよう
「該当なし」か。よかった
ほっ
わたしはこの顔で損してるんです

18 専任の取引主任者

ほかに仕事がある知人を専任の取引主任者にしてもいいのかなあ？

今般、従業員の退職に伴い、専任の取引主任者の数が不足してしまうと店長が悩んでいます。取引主任者証の交付を受けながら広告会社に勤める知人に頼み、専任の取引主任者になってもらってもいいでしょうか。

ほかに勤務先がある知人を、専任の取引主任者とすることはできません。

宅建業法は、購入者の利益保護や宅地建物の流通円滑化を図るために様々なルールを定めています。このルールの中で重要な役割を担っているのが取引主任者であり、重要事項説明のための書面や契約書面には、取引主任者の記名押印が必要です（宅建業法35条4項、37条3項）。取引主任者の役割の重要性に鑑み、業者には、事務所・案内所等ごとに、一定数の専任の取引主任者の設置が義務付けられています（同法15条1項）。

ここでいう専任とは、「もっぱらその事務所・案内所に常勤し、業者の業務に従事する状態にある」という意味です。ほかに勤務先をもっており、一般社会の通念における営業時間に、業者の事務所に勤務することができない場合には、専任性は認められません。つまり、かけもちをすることはできないわけです。ご質問のケースについても、知人が広告会社に勤務している以上、たとえ取引主任者の資格があっても、専任の取引主任者にはなれません。

宅建業者は、取引主任者設置義務に違反する事務所等を開設してはなりません。従業員の退職などによって既存の事務所等が取引主任者設置義務に違反することになったときには、2週間以内に必要な措置をとる義務があります（同法15条3項）。

不動産株式会
困った
どうされました？
えっ安藤さんが退職するのですか⁉
専任の取引主任者が不足してしまうんだ。何とかならんかな？
私の知人が取引主任者証を持ってますけど
本当かい？
ただ広告会社に勤めてます
兼任でお願いしよう
ダメですよ取引主任者はかけもちは認められていません
2週間以内に必要な措置をとってください

売買編

19 媒介契約書（仲介契約書）

買主と事前に仲介契約を結ぶのは無理なのでは？

買い側の仲介業務を行い、買主に仲介報酬を請求したところ、仲介を依頼する契約は締結していないと言われ、支払いを拒まれてしまいました。確かに仲介契約書は作成していないのですが、仲介報酬を請求することはできないのでしょうか。

仲介契約書を作成していなくとも、仲介を依頼され、仲介業務を行って、売買契約にまで至った場合には、報酬請求をすることができます。

しかし、本件では仲介契約につき、法律上交付義務のある契約に関する書面を交付していませんので、この点において、宅建業法違反があります。

一般に、買い側の仲介については、購入希望者の購入意思や購入条件が固まっていなかったり、数社に物件探しを頼むなど、仲介契約が成立したかどうかの判断が容易ではなく、宅建業者としても、そのような状況の中で、仲介契約書に署名押印してもらいにくいことも、確かでしょう。

ただ、宅建業者には、宅地建物の売買・交換の仲介の契約を締結したときは、遅滞なく、一定の事項を記載した書面（契約書）を依頼者に交付しなければならないという宅建業法上の義務があり（宅建業法34条の2第1項、同法施行規則15条の7）、この義務は、売主側、買主側どちらの仲介にも課されています。

契約書を作成するにあたっては、購入物件について、およその代金や、およその場所的な範囲などで特定をしておけば足ります。宅建業法に違反しないため、また、報酬請求に関する紛争を防止するため、買い側の仲介業務を行う場合にも、できるだけ早い時点で仲介契約書を作成し、依頼者に交付しておかなければなりません。

いいところだ
ここに決めた
ありがとうございます
では売買契約書を作成いたします
うむ
売買契約書
ご署名
中村
こちらは仲介手数料の請求書です
ん？
仲介手数料なんて聞いてないぞ
え？

当社に仲介を依頼され
その業務を
行ったのだから
報酬を支払うのは
当然でしょう
私は仲介契約書に
サインはしていない
から仲介手数料は
支払わん
どうしたらいいですか?
カホリン先生
仲介契約書がないから
といって報酬を
支払わなくてよいこと
にはなりません
ですよね
ほっ
でもこちらにも
明らかな
宅建業法
違反が
あります
え!?

宅建業法上
仲介契約をしたら
契約書をすみやかに
依頼者に交付する
義務があります
しかし
どの時点で
どんな条件で
仲介契約が
成立したのか
は判断が
むずかしいの
です
物件を紹介する際に
購入物件について
およその代金や場所等を
特定できますから
そのような条件での
仲介契約書も
交付できるはずです
最初から
仲介手数料のことを
示しておけば
後で無用の
トラブルは
防げたはずです
うーん
これから
注意します

20 広告表現のルール

文字の大きさまで決まっているんです！

広告物を作る際には、どのようなルールに従わなくてはならないのでしょうか。

宅建業者にとって広告は営業の要ですが、不動産広告にもルールがあり、宅建業法、不当景品類及び不当表示防止法（以下、景表法）、不動産の表示に関する公正競争規約（以下、表示規約）を遵守しなければなりません。

このうち表示規約は業界の自主規制であり、規約に参加していない事業者（全国9地区の不動産公正取引協議会に加盟していない事業者）には直接適用されるわけではありません。しかし、規約に参加していない事業者についても表示規約が景表法の解釈基準とされるため、実質的に、全ての事業者は表示規約に抵触してはならないことになります。

宅建業法では、①誇大広告の禁止（同法32条）、②広告開始時期による制限（同法33条）、③取引態様の明示（同法34条1項）について定められています。①では、実際のものよりも良いものであると誤認させるような表現が禁止され、②では、未完成の物件について、工事の完成に必要な開発許可や建築確認がなされる前の広告が禁止されています。③では宅建業者の立場、つまり売主や賃貸人となる契約なのか、または代理人か仲介かなどの区別を広告物に明示しなくてはならないとされています。

表示規約は、消費者が誤った情報に基づく判断で不動産の取引をしないようにするため、広告物に関する詳細なルールを決めています。たとえば、必ず表示しなくてはならない事項や文字の大きさなどが決められ、「絶対」「日本一」「最高級」等特定の用語は合理的根拠がなく使用することはできないものとされています。

日本一の眺め
絶対お得！
この広告いいでしょカホリン先生
見せて
これマズいわよ
え？
日本一の眺め
絶対お得！
不動産広告にもルールがあり宅建業法や景表法、表示規約を守らなければならないの
広告開始時期の制限や取引態様の明示だけでなく他にも表示事項や文字の大きさが決められているものもあるわ
えー!?
じゃあこのコピーはNGかあ！

21 新築という表現

転売でも「新築マンション販売」としていいの？

当社はデベロッパーからマンション1棟を買い取り、そのまま一般のお客様に対し転売する予定です。このマンションは完成してからだれも入居したことがなく、完成から10カ月ほど経っていますが、新築マンションとして販売してもよいでしょうか。また、広告に「新発売」と書きたいとも思っています。そのような書き方をしてもよいでしょうか。

表示規約によれば、「新築」と表示できるのは、建築後1年未満であって、居住の用に供されたことがない物件であるとされています（18条1項1号）。仮に誰もまだ住んだことがないマンションであっても、建物が完成してから1年以上経ってしまった物件は、新築とはいえません。ご質問のケースでは、完成からまだ1年未満ですので「新築物件」と表示できますが、販売が長引き、1年を超えてしまうと「新築」とは表示できなくなります。

また、「新発売」という表示は、新しく造成された宅地や新築建物につき、初めて購入の申込みの勧誘を行う場合にだけ使うことができます（表示規約18条1項2号）。新発売かどうかは誰が売主であったかに関係なく、物件ごとに判断されます。

マンションの場合は、マンション全体がそれまで販売されたことがあるかではなく、その住戸が販売されていたかどうかが基準となります。そのため、販売しようとする住戸がすでに以前のデベロッパーによって申込みの勧誘をしたことのある住戸であれば、「新発売」とは表示できませんが、それまで一度も申込みの勧誘がされていなかった住戸であれば「新発売」と表示できます。

新築マンション
新発売
カホリン先生
こうしました
このマンションって
新築なの？
ええ
まだできて
から10ヵ月
です
いまはいいけど
築1年経ったら
「新築」じゃ
なくなるわよ
え？
それに
新発売と
あるけど
この物件は
一度買い取った
ものでしょ？
はい
一度販売した
ことになるから
「新発売」と
いえないのよ
えー
知らな
かったス

22

おとり広告

ネットの表示は削除しないだけで違法!?

当社では現在、新築の分譲住宅を4戸販売しています。チラシでの広告に加えて、インターネットでも広告しています。昨日お客様との契約を締結し、全住戸の契約が完了しましたが、まだ決済にまで至っておらず、キャンセルの可能性がありそうです。そのため、インターネット広告にはまだ分譲中であると書いておきたいのですが、問題ないでしょうか。

実際には取引することができない物件や存在しない物件、取引するつもりはない物件について広告することは、おとり広告になります。おとり広告は、事実に反する広告ですから宅建業法に反するとともに（同法32条）、消費者の判断を誤らせるものとして、表示規約によっても禁止されています（同規約第21条）。

いったん広告をしたあと、すでに契約済みになった場合、当然、広告・取引の対象から除かなければなりません。インターネット広告の場合、それにもかかわらず、すみやかに表示を削除せず、おとり広告となる状況が増えているようです。

インターネット広告は、印刷物であるチラシよりもスピーディーに情報が更新されるだろうと消費者は考えますから、宅建業者側もそのような消費者の見方に対し誤解を与えないよう、できるだけ速やかに情報の更新をしなくてはなりません。情報がリアルタイムの広告になっていないとすれば、そのことがわかるように、ホームページ上に「○月○日更新」、「次回の更新予定日は○月○日」と表示するといった対応も必要です。インターネット広告は、更新しなければ違法になってしまうという点に注意が必要です。

不動産株式
売買契約書
高山明子
ありがとうございます
よろしく頼むわ
このお客様本当に決済までいくかな……?
他の物件も考えていたし…
あっちもよかったわねえ
4物件とも完売したが念のためキャンセルも見込んでおこう
ネットの広告は分譲中のままにしておいて……
分譲中

RRR
申しわけ ありません その物件は 契約済みに なって おります
ホームページに 「分譲中」と 書いてある じゃないか。 ネット広告なのに リアルタイムに 更新してないの？
申しわけ ありません
須永さん 今の件 おとり広告に なりますよ
えっ？
カホリン 先生⁉
ガチャリ
おとり広告は 事実に反する広告 ですから 宅建業法違反に なりますし、表示規約に よっても禁止されています
新発売
11/25
まごころの 家です

しかし本件は決済までは終わってない状況です
だめよ。契約が締結した時点ですみやかに表示を削除するべきです
ネット広告は特にそうです
消費者はネットの情報は常に更新されていると考えるのが普通です
更新日を表示しておく対応も必要ですよ
更新日〇〇年〇〇月〇〇日
ホームページの広告は更新しないとおとり広告として違法になることもあるのです

23 売り物件の問い合わせに対する対応

業者さんですか？

私が担当しているマンションの売り物件について、「まだ売れていないでしょうか」という問い合わせの電話がありました。口ぶりや話し方などから、同業者かもしれないと思い尋ねると、やはり同業者でした。実際はまだ検討客はいないのですが、業者を通して売却すると、手数料が片手になってしまいます。できれば一般のお客様に直接買ってもらいたいと思っているので、「もうお客様がついてしまっています」と答えてしまいました。このような対応には問題があるでしょうか。

さて、法律的にみると、取引をするかしないか、誰と取引をするのかについては、自由に決めることができるのが原則です（契約自由の原則）。

しかし、売主側の業者が、同業者からの問い合わせに誠実に対応しないことは、売主に対する背信行為です。業者を通じて購入を希望するお客様との関係でも許されないでしょう。また、不動産業界は、互いに業者同士が信頼し合い、情報を交換することによって事業が成り立っており、そのため指定流通機構（レインズ）では、「元付業者は、客付業者から物件の照会を受けた場合は、その照会内容に対して適確に回答する」とのルールによって問い合わせに対応するものとしています。自分の手数料のことだけを考えて、同業者を排除しようとする行為は、売主・買主・不動産業界のいずれに対しても、大きな不利益を及ぼします。

宅建業者が協力し合わない状況が生じることによって、宅建業者間での信頼関係が失われ、ひいては宅建業者が社会から信頼されなくなってしまいます。どんな場面においても、取引を望む相手方には誠実に対応しなければなりません。

RRR
はい ○×不動産です
○○マンションにお客様を紹介したいのですが成約済みですか？
ちぇ また業者かよ……
業者を通すと手数料が片手になっちゃうからね
お客様がついてしまっております
それって嘘でしょ
あっ カホリン先生
たとえ業者相手であっても誠実に対応しないと宅建業者の信頼関係を損なうわ。ひいては業界全体の信頼低下にもなりかねないわ

24 景品の規制

家具のプレゼントはダメなんですか?

マンション売却の営業のため、200万円を値引きするか、200万円分の家具をプレゼントする方法か、どちらかの方法をとろうと考えていますが、何かルールがあるでしょうか。

景品のルールには、不当景品類及び不当表示防止法(以下、景表法)と、景品類の提供の制限に関する公正競争規約(景品規約)とがあります。景品規約は業界の自主規制であり、規約に参加していない事業者(全国9地区の不動産公正取引協議会に加盟していない事業者)に対しては直接は適用されるわけではありません。しかしながら、規約に参加していない事業者に対しても景品規約が景表法の解釈基準とされているため、実質的に、全ての事業者は景品規約に抵触しないよう販売しなければなりません。

景品規約では、①懸賞により景品を提供する場合は、取引価額の20倍か10万円のいずれか低い価額、②懸賞によらないで景品を提供する場合は、取引価額の10%か100万円のいずれか低い価額でなければならないとされています。

ご質問のケースは、②の場合ですから、家具を景品としてプレゼントするならば、販売価格の10%か100万円のいずれか低いほうの金額というのが上限です。200万円の家具はこれを超えますから、200万円の家具プレゼントは、景品規約に抵触します。

他方、販売価格を値引きしたり、成約者に現金をキャッシュバックすることは、取引に付随する景品ではなく、取引の対価の値引き行為ですから、景表法、景品規約の制約は受けません。値引きや現金のキャッシュバックは、額にかかわらず自由に行うことができます。

課長、例の物件こんな家具を置きプレゼントとしたらいいんじゃないかと思うんですけど
家具の値段はいくらだ？
およそ200万円です
だめだ却下だ
えっ!?
ドサ
えなぜです？
値段が高いからですか？
デザインが合ってないからかな？
ボクをきらっている？
そういう問題じゃない
ね先生

過大な景品は消費者の冷静な判断を狂わせる恐れがあるから駄目なんです
でも200万円割引きするのと同じじゃないのですか？
値引きは物件価格そのものだから問題ないのです
10%OFF
景品規約というものがあります
懸賞によらず景品を提供する場合は取引価額の10%か100万円のいずれか低い価額
大当り!
カランカラン
これが景品規約上のルールです

というと今回の200万円相当の家具のプレゼントは
計算してみて
販売価格は5000万円だから10%は500万円
500万円か100万円のいずれか低い方といえば100万円だ
あ完全にオーバーしてます
200万円の家具は景品規約に抵触します
そうだったのですか〜〜
この家具気に入っているのになあ
100万円の家具にしますか?
それより値引いたほうがいいと思うぞ

25

売買契約の成立

買付証明を出したから大丈夫!?

私が仲介を担当している物件で、先日、買主から買付証明書が、売主からは売渡承諾書が提出されました。あとは重要事項説明を行い、売買契約書に押印し、手付金を授受するだけ、という時に、買主が急に契約しないと言い出しました。売主は他の検討客を断ってしまっており、「契約はすでに成立した」と言っています。どうしたらいいでしょうか。

民法上、売買契約は売主と買主による「売る」「買う」という意思が合致した時点で成立し、成立のために特に書面は必要ありません。買付証明が「買う」という申込みの意思を表示したもので、売渡承諾が「売る」という承諾の意思を表示したものだと解釈すれば、ご相談のケースではすでに売買契約は成立しているようにも思えます。

しかしながら、売買契約の前には重要事項説明がなされるのが常ですし、不動産業界の取引の慣行として契約時には手付金が授受されるのが通常ですが、今回はそれらがまだであるため売買契約は未成立であると考えるべきでしょう。本件と同じようなケースについて、裁判所は売買契約が成立していないと判断しています(東京地裁昭和63年2月29日判決)。買付証明は、「他の検討客を排除し、自分との間でのみ商談を進めてほしい」ことを示した意思表示であり、売渡承諾は、「他の検討客ではなく、あなたとのみ交渉する」ことを示した意思表示であると解するのが一般的です。

今回のケースで売買契約の成立を認めることは難しそうですが、売主は契約締結直前に不誠実な対応をとった買主に対し、契約準備のために要した費用等を損害賠償請求できる可能性はあります。

この土地に決めたわ
やった
この土地を売りましょう
買付証明書と売渡承諾書はそれぞれ受けとった
契約締結にむけご準備頂けるようお願いいたします
後日
RRR
え？
買うのを止める⁉

なんだって？
あの土地は彼女が買うというから他の検討客を断っていたんだぞ
買付証明書だってこうやってもらってある
契約は成立しておる
どうしたらいいんだ!?
一見契約は成立しているようですが実際に成立しているかどうかは別です
今回の件はまだ手付金も授受されてませんね
はい
そして重要事項説明もされておりませんね

今回、これらがまだであることから、売買契約はまだ成立していないと考えられます
え～
同様なケースは裁判で判決も出ております
買付証明は「他の検討客を排除し自分とのみ商談をする」という意思表示
買付証明書
平成○○
売渡承諾書
住所
氏名
殿
私は貴殿が私に対し有している下記
売渡承諾は「他の検討客でなくあなたと交渉します」という意思表示と考えられています
残念ながら本件の契約は未成立と考えるべきね
そんな
ただし不誠実な対応の買主に対し契約準備の費用等は損害賠償として要求できる可能性はあります

26 値引きの可否

隣の部屋より安く売ってはいけないの?

ひとつのマンション内で5部屋の売却の仲介をしており、このうち4部屋は売れましたが、まだ1部屋売れ残っています。他の部屋とほぼ条件は変わらず、売れ残る理由はわかりません。これ以上売れ残ったままにはしておけないので、値引きをしようと考えています。ただ、これまではもっと高く売っているので、値引きをしてもいいかどうか、少し不安に思っていますが、いかがでしょうか。

法律上、値引きには問題ありません。契約をするかしないか、いかなる内容で契約をするのかは、当事者の自由です（契約自由の原則）。物の値段も当事者が自由に決定することができます。

また、不動産については、2つと同じものはありません。同じマンションの中にあっても、別の部屋であればその位置や窓から見える景色、間取りなどが異なり、値段が変わって当然です。同一不動産の売却に関してみても、時期によって相場が変動し、同じ値段とは限りません。ご質問のケースで、売れ残っている部屋だけ値引きして販売したとしても、法律上の問題は起こりません。

しかし、ご相談者の不安には一理あります。入居後に購入者間で購入金額の情報交換がなされることは予想できますし、その結果、値段に差異があれば、トラブルが生じることは十分にあり得ることです。ご相談者が不安に思ったことは適切な感覚であり、法律的には問題がないとしても、配慮が必要です。既購入者の売買の時期と近い時期に、条件の似ている住戸を販売する場合には、既購入者に不利益感を与えるよう値引きは、できるだけ避けるほうが無難であるのは間違いありません。

1件だけなぜか売れない
値引きしましょう
後でもめごとになるんじゃないのか
そうですね法律的には問題ないですが他の購入者のことも考えるべきですね
あとあと近所付き合いで購入金額の話もでてきますからね
不動産というものは2つと同じ条件のものはないから部屋ごとに値段が違うのは当然です
でも同じ時期に同じような物件を販売する時に価格が大きく違うと後のトラブルの元になりますよ

27 重要事項説明

重要事項説明なんて面倒なことは結構です!?

札幌に住んでいる買主と来週契約予定で、東京で契約することになっています。ところが、買主からは、「これまでに何度も不動産の取引をしたことがある。重要事項説明書を送ってもらえれば理解できるし、わざわざ東京まで行くのは大変なので、重要事項説明は必要ない。書類だけ送ってくれれば十分である。」と言われました。確かにこれまでに不動産を売買した経験も豊富なお客様ですし、お金と時間をかけてわざわざ東京まで来ていただくのも申し訳ありません。そのため、先に重要事項説明の書面をお送りして、わからないことがあれば電話でやり取りすればいいのではないでしょうか。

重要事項説明は、仮に買主・賃借人が希望しても省略することはできません。売買や賃貸借の契約を締結する場合には、宅建業者は、必ずこれに先だって重要事項説明を行わなければなりません。

不動産は金額が大きいため、その取引に際しては慎重に判断される必要があります。また、不動産の取引には、様々な法律知識をはじめとする専門知識が必要です。そのため、買主、賃借人は専門知識を持っている取引主任者から契約前に十分な情報を得て、契約するかどうかの最終的な判断をする機会を与えられる必要があるわけです。

そして、このような重要事項説明の意義を考えると、十分なコミュニケーションがとれる方法によって説明を行わなければなりません。そこで、直接に面談して説明を行わなければならないのであって、メールや電話のような顔が見えない方法での説明では不十分だと考えられています。

不動産株式会社
はい
しかし それは
どう したの です？
カホリン 先生
札幌市 在住のお客様が 重要事項説明は 不要だとおっしゃって…
わたしは 何度も 不動産取引を したことがあるんだ
重説は郵送で 十分わかるし 東京まで行くのも 面倒だ よろしく頼む

なにかわからないことがあったら電話かメールで事足りる
わたしは忙しいんだ
では書面を送りますからご不明な点はメールか電話でお願いします
ダメです
あなたも取引主任者なんだから重要事項説明が大切なのは知っているでしょ
はい
重要事項説明は仮に買主や賃借人が希望しても省略はできません
不動産の取引は金額が大きいためより慎重になされなければなりません

それから不動産の取引は様々な法律知識や専門知識も必要です
買主や賃借人は物件について十分な情報を得てから契約するか判断する機会を得る必要があるのです
ですから直接面談し重要事項説明をしなければなりません
メールや電話などでは不十分と考えるべきです
あなたがたとえ不動産の経験が浅かったとしても、プロなんだからしっかり説明する義務があるんですよ
はい

28 騒音調査

何度も現場に行かないと騒音はわかりません！

お客様は人それぞれとてもいろいろな要望があるため、仲介業者としては、調査事項が多く、混乱してしまいます。お客様への説明にあたっては、何をどこまで調査すればいいのでしょうか。

宅建業者が、宅建業法上の重要事項として相手方に説明しなければならない事項は宅建業法35条に列挙されており、これらに記載された事項については宅建業者に調査義務がありますが、同条の列挙事項だけを調査すれば、宅建業者としての調査義務が尽くされたということにはなりません。

では、どこまで調査を行えばそのような民事上の責任追及のリスクを回避することができるのでしょうか。それに対する答えは、どの取引にもあてはまるような一律な範囲で示すことはできず、不動産のプロとして、「後々トラブルにならないか」という視点で物件調査を行う必要があるということになります。たとえば、買主からの依頼で、買主が何よりも静かさを物件に対する第一条件に挙げていた場合は、物件調査において、他の物件の場合よりも音、環境についての調査は重点的に行わなければなりません。平日と休日、昼と夜とで物件周辺の騒音の状況が異ならないか、マンションの上階や隣に住んでいる住人の間で、これまでトラブルが起きていないかなどを調査する必要もあります。

また、最近では、浸水や液状化の問題なども注目されています。豪雨によりこれまで把握されてこなかったような浸水被害が起こったり、震災によって予想されなかった地域に液状化が生じたりするなど、買主の関心の対象が広がってきていることにも気をつけなくてはなりません。

私は小説家で静かなマンションを探している
静かな環境か…
どこまで調べればいいんだ？
カホリン先生
そうね一律な範囲というのはないわ。お客様によって要望のレベルは違うもの。「後々トラブルにならないか」を想像してみたら？
平日休日昼夜など時間をかえて物件の環境を調べてみます
隣人や上階の人との間で、トラブルが起きてないかも調べました
ここまで調べてくれたのか
すばらしいここに決めた

29 隣人トラブル

知っていたなら教えといてよ！

住宅の購入を希望しているお客様を現地に案内したのですが、物件の隣人がトラブルメーカーで、入居前の下見に来た買主の方に大声で怒鳴りつけたり水を掛けるなどして騒ぎを起こしたということがわかり、結局購入を断念されてしまいました。隣人のことがわかるとお客様にいやがられるので、今後の営業では黙っていようかと思いますが、それでいいでしょうか。

仲介業者には重要事項の説明義務がありますが（宅建業法35条）、仲介業者が説明しなければならない事項は、宅建業法上の重要事項には限られません。購入希望者に重大な不利益をもたらすおそれがあり、契約を締結するかどうかの判断に影響を及ぼすと予想される事実については、当然に説明の義務があります。

家族と生活する住宅を購入しようとする人にとって、隣人との関係は大切であり、隣人からひどい迷惑行為を受ける可能性が高いことは、購入の判断要素です。ご質問のケースのような迷惑行為を行う隣人がおり、しかもそれをすでに知っていた仲介業者が、そのことを十分に説明しなかった事案で、売主仲介業者が損害賠償責任を負うとされた裁判例があります（大阪高裁平成16年12月2日判決）。

なお、この裁判のケースでは、売主仲介業者は重要事項説明書に「騒音等による苦情がありました」と記載し、買主側の仲介業者に事情の説明を依頼していましたが、それだけでは買主に対する説明義務を果たしたことにならないとされました。購入希望者が契約の判断をするにあたって重要な意味をもつ事実は、はっきりと説明しておかなければなりません。

不動産株式会
こんないい物件を手離されるのですか？
はい
じつは…
えっ隣人がトラブルメーカーで生活に耐えられない？
ええ
この物件ならすぐにでも買い手がつきますよ
まさかいくらなんでもそんなひどい隣人はいないさ
問題ない
さっそく見学の申込みだ

これは
いいね
お勧め
です
バシャ
なっ
なんだ⁉
!?
うるさいんだよ
バカヤロウ
帰れ！
隣人の話は本当だったのか⁉
なんなんだ隣は⁉こんなとこには住めないぞ！
これは隣人のこと話すと売れなくなっちゃうぞ

それはダメですよ
カホリン先生
仲介業者には重要な判断要素となる事項の説明義務があります
建物の瑕疵の他にも地盤や浸水、さらに騒音や臭いなども購入者にとって重要な判断材料になります
この隣人トラブルも重要な判断要素ですね
大阪高裁でもこのようなケースでは仲介業者は損害賠償責任を負うとされました
「騒音等による苦情があります」だけでは説明義務を果たしたことにならないのです
うるせぇ!

30 自殺と心理的瑕疵

実は7年前、この部屋で妻が自殺を……

中古マンション売却の仲介の依頼を受けるにあたり、所有者から「実は7年前この部屋のバルコニーで妻が自殺した。このことは人には知られたくないと思っていたが、売却をお願いするにあたっては、一応お伝えしておく」と打ち明けられました。購入希望者が現れたときには、売買契約の前に、自殺の事実を説明しなければならないでしょうか。

仲介業者には、売買契約締結に先だって、購入希望者が購入の意思を決定するために必要な情報を提供する義務があります。民法上、売買物件が通常保有する性質を欠いていると、瑕疵になりますが、瑕疵には物理的な欠陥だけではなく、目的物にまつわる嫌悪すべき歴史的背景に起因する心理的な欠陥も含みます。心理的欠陥による瑕疵が、心理的瑕疵といわれます。心理的瑕疵があり、購入の意思決定に影響を及ぼすような場合には、説明が必要ということになります。

売買契約の6年3カ月前に居住者の妻がバルコニーで首つり自殺をしていた事案について、これを隠してマンションを売却した売主に対し、裁判所が売買契約の解除を認め、売買代金の2割相当額の違約金の支払いを命じた事件がありました（横浜地裁平成元年9月7日判決）。バルコニーで7年前に首つり自殺があったことも、購入希望者に説明をしておく必要があるでしょう。

もっとも、遺族の感情を尊重することも大事なことです。所有者が自殺の事実を人に知られたくないと望んでいる以上、その意思に反して他人にこの事実を伝えるのは不適切です。所有者を説得し、納得してもらったうえで、自殺の事実を購入希望者に伝えなければなりません。

この部屋を売却したいのです
いい物件です。すぐに買い手が見つかると思います
はあ
えっ自殺⁉
実は7年前に妻がバルコニーで
このことは秘密にしたまま売却したいと思っています
うーん
購入希望者に伝えなければならないでしょうか？カホリン先生
その事実は心理的瑕疵にあたりますね

仲介業者は売買契約に先だち必要な情報を買主に知らせなくてはいけません
物理的瑕疵だけでなく心理的瑕疵についてもです
過去に起きた事実でも、嫌だと思われるような事実なら心理的瑕疵になる可能性があります
7年前でもですか？
過去の裁判例では6年3ヵ月前の自殺を隠していた件で契約解除と違約金の支払いを認めた例もありますよ

7、8年前の自殺でも伝えるべきね
売主には人に知られたくないと念を押されています
遺族の感情は尊重されなくてはなりませんからこの事実を広く公表すべきではないでしょう
しかし購入希望者には正しく説明すべきです
売主にはそのことを十分説明し納得してもらった上で買主に伝えましょう
売主と買主の信頼を得るのが仲介業者ですよ
はい

31

土壌汚染

以前は化学工場だったの？　だとすると……

かつて化学工場として使用されていた土地の売却依頼を受けました。どんな注意が必要でしょうか。

土壌汚染対策法は、有害物質使用特定施設にあたる工場等が使用廃止された場合や、知事が指定した土地について、土地所有者が土壌汚染の状況を調査し、知事に報告する必要があると定めています。この法律では、26種類の物質が有害物質と定められており、汚染が発見されると、対策の必要性に応じ、要措置区域として指定される場合もあります。自治体によっては、条例によって土壌汚染対策法で定められている物質以外の物質についても規制している場合があります。

また、法律上の調査義務がない場合にも、土地の売却後に、土壌汚染が発見された場合、売主は瑕疵担保責任を問われ、損害賠償を請求されたり、契約解除を求められる可能性があります。工場跡地などの土地売買の際は、土地の使用用途履歴を調査し、土壌汚染対策法や条例による調査義務の有無にかかわらず、土壌汚染の可能性は調べなければなりません。

このほか、ＰＲＴＲ法（化学物質排出把握管理促進法）により、一定規模以上の廃棄物処理業、製造業、クリーニング店、機械修理業、医療業等を営む事業者が対象となる化学物質（４６２物質）を一定量以上取り扱う場合、事業者、排出量、移動量を各都道府県市の窓口へ届け出る義務も定められています。

現在では、土地の売買に際しては、土地に有害物質が含まれていないかどうかが、極めて重要な問題になっています。仲介業務を行うにあたっては、細心の注意を払わなければなりません。

カホリン先生
土壌調査の結果はシロでした
よかったじゃない
でも調査費がムダになったような…
なに言ってるの後々のことを考えたら安いものよ
化学工場に限らず一定規模以上の化学物質を扱う事業者は都道府県への届出が義務付けられているからそこからも調査できるわよ
土壌汚染は重大な問題ですね

32 アスベスト

やっぱりビルの内部も見ておかなきゃね！

アスベスト調査の注意点について教えてください。

アスベストは、かつて多くの建物に用いられていたので、今でも多くの建物に残っています。アスベストの健康被害が明らかになっている現在、建物の売買において、特に注目される問題のひとつになっています。

宅建業者が仲介を行うにあたっても、アスベストについての調査記録があるかどうかを確認し、記録がある場合は、その内容を説明しなければなりません（宅建業法施行規則16条の4の3）。

調査方法としては、まず、売主に問い合わせ、売主から直接書面で申告してもらうべきです。申告の書面には、①建物の新築時期、②改修時期、③改修内容、④アスベストを使用した記録があるか、⑤アスベストの調査記録の内容、⑥アスベスト対策工事の有無、等について売主に記載してもらいます。他には、建物管理者、施工者、設計者、管理組合、従前の売主に対するヒアリングも可能な限り実施すべきですし、もちろん、宅建業者本人が建物を目視で調査することも重要です。

宅建業法上、相手方等の判断に重要な影響を及ぼすこととなるものについて、故意に事実を告げず、または不実のことを告げる行為は禁止されており（宅建業法47条1号ニ）、仮にアスベストについての調査記録が存在しない場合でも、目視でわかるような明らかな部分にアスベストが使用されている場合は、この禁止事項に該当する可能性もないとはいえません。さらに、相手方から特別に「アスベストについては大丈夫ですか」という問い合わせがあった場合には、より入念に調査を行ったほうがいいと思われます。

古いビルだな
まだテナントが入ってるので入室はご遠慮ください
では外観だけ見ます
うーんやっぱりアスベストが気になるな
調査すべきだったな
あっ先生
そうねアスベストはより入念な調査が必要ですよ
調査方法としてはまず書面で問い合わせ売主に直接申告してもらいます
可能ならば建物管理者や施工者にもヒアリングし直接物件を目視することも大切です

33 耐震診断

この建物は地震がきても大丈夫でしょうか？

最近では、建物を買おうとするお客様は、誰もが耐震性を気にされています。建物売買を仲介するにあたって、仲介業者としては、建物の耐震性についてどのような調査・説明をすればいいのでしょうか。

わが国は地震国であり、これまで多くの被害に見舞われてきました。今般の東日本大震災を経て、さらに地震に対する関心は高まっています。関東地方の大地震も予測されている現在では、建物の購入を検討する場合には、ほぼ例外なく耐震性の程度が注目されるようになっています。

仲介業者の業務としては、宅建業法によって、昭和56年5月31日以前に確認を受けた建物（旧耐震基準で確認を受けた建物）につき、耐震診断がある場合は、その内容の説明が義務づけられています（宅建業法施行規則16条の4の3）。

いつ確認を受けたのかは、建築確認済証や検査済証に記載された確認済証交付年月日により判断できます。現実的には、確認済証等が見当たらないケースもありますが、その場合には、建物の表題登記で説明の必要性の有無が区別されます。居住用建物では、表題登記日が昭和56年12月31日以前であるもの、事業の用に供する建物および区分所有建物の場合は、表題登記日が昭和58年5月31日以前であるものについて説明が必要となります。

仲介業者の調査としては、まずは売主と所有者に耐震診断の記録の有無を照会すべきであり、また必要に応じて管理組合および管理業者にも問い合わせをしなければなりません。耐震診断の記録が存在しないと確認された場合は、そこまでやれば調査義務を果たしたことになります。

古いマンションですね
地震がきたら大丈夫なのかしら？
耐震診断はしているのでしょうか？
どう思います先生？
ちゃんと調べなきゃダメよ
売主に直接聞くのが一番だけど管理組合や管理会社に問い合わせてみることね
はい
管理人がいる

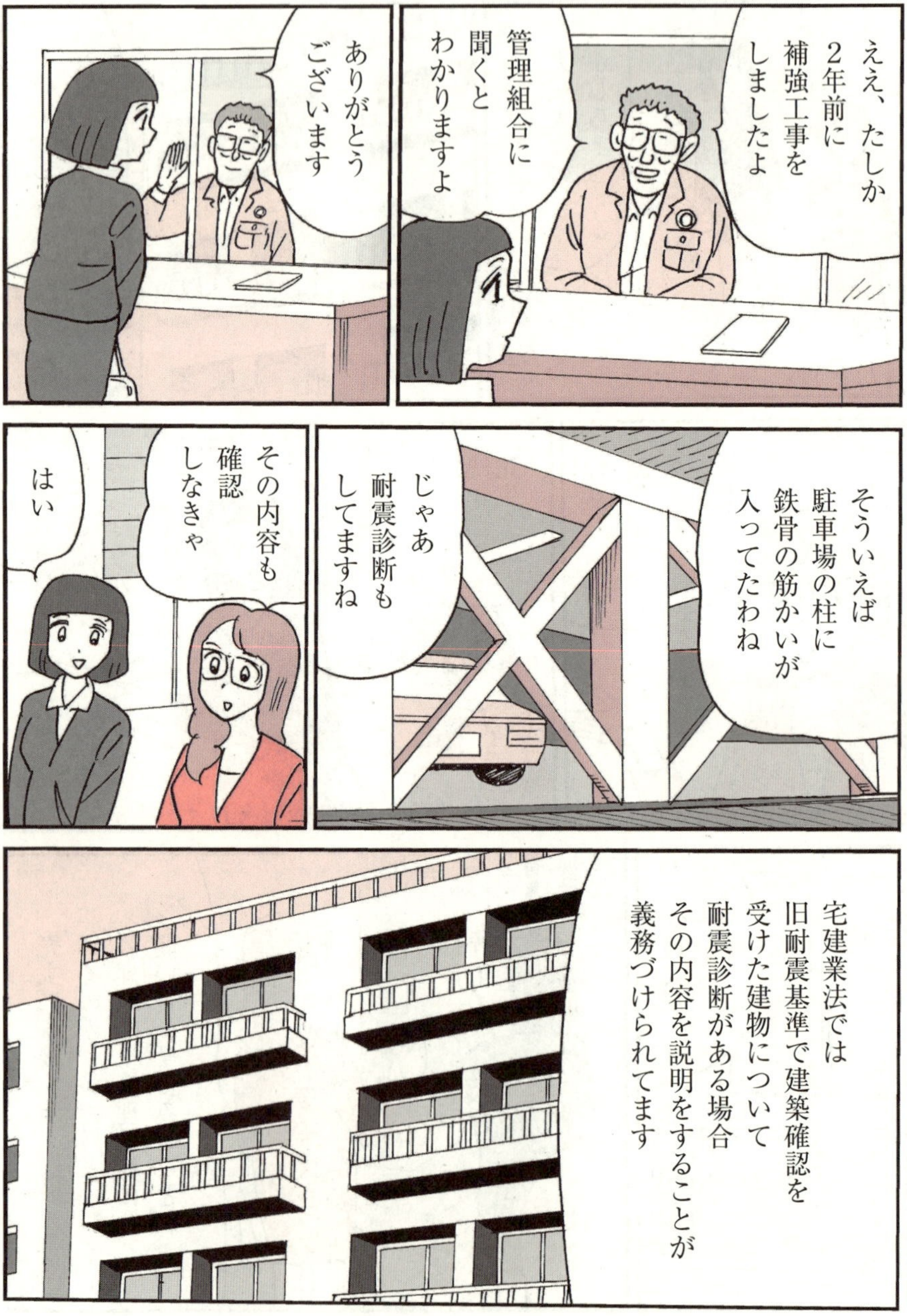
ええ、たしか2年前に補強工事をしましたよ
管理組合に聞くとわかりますよ
ありがとうございます
そういえば駐車場の柱に鉄骨の筋かいが入ってたわね
じゃあ耐震診断もしてますね
その内容も確認しなきゃ
はい
宅建業法では旧耐震基準で建築確認を受けた建物について耐震診断がある場合その内容を説明をすることが義務づけられてます

いつ建築確認を受けたかは確認済証でわかるのですね
確認済証
様
確認済証がない場合もあるわよ
どうすればいいのです？
建物の表題登記を見れば説明の必要性があるかどうかわかります
居住用建物は昭和56年12月31日以前事業用に供する建物および区分所有建物は昭和58年5月31日以前
耐震診断の記録が存在しないことが明らかになればそれで調査義務を果たしたことになります
ありがとうございますよく調べてみます

34

マンションの管理費滞納

売主は「管理費を支払う」とは言っているけど……

売却の仲介を依頼されているマンションで、売主が管理費と修繕積立金を滞納していることがわかりました。売主はすぐには滞納分を支払うことができないようですが、引渡しまでには全額支払う、とのこと。買主にはどのように説明したらいいでしょうか。

管理費・修繕積立金の滞納があるマンションが売却された場合、買主は滞納分を支払わなければなりません（区分所有法7条1項、8条）。このことを勘案し、マンションの仲介を行う場合には、管理費・修繕積立金の額および滞納額についての説明が義務づけられています。仲介業者は管理組合や管理会社に問い合わせ、マンションの管理費・修繕積立金の額、滞納額を調査し、買主に対して説明を行い、買主に滞納分の支払い義務があることを伝える必要があります。これらを怠ると、買主から損害賠償を追及されることにもなりかねません。

ご質問の場合、滞納があることはわかっており、売主が引渡し時までには支払うと言っています。しかしながら、買主への引渡し前の重要事項説明時点においては滞納がありますから、滞納があることについて説明せざるを得ません。また、売主が支払うと言っていることは、買主にも伝えておくべきですが、引渡しまでに支払われるかどうかは売主次第であり、確実とはいえません。買主に予期しなかった出費をさせず、また、買主と仲介業者との間の紛争を回避するためにも、売主が滞納分を支払う予定であることを説明する際は、支払いがなされない可能性があることを含めて買主に伝えておくべきでしょう。

管理費等の滞納がありますね
引渡しまでには必ず払うから信じてくれ
買主にはどう説明したらいいんだ？
区分所有法では管理費等の滞納があった場合は買主が支払うことになっています
あカホリン先生
そのためこのことを説明する必要があるのです
怠ると損害賠償を追及される可能性があります
まずは管理組合や管理会社に滞納額等を確認しましょう
いずれにしても今回のような売主の口約束では不十分です
買主には引渡しまでに売主が支払わない可能性があることも伝えておくべきです

35

物件調査の方法

シロアリの被害を受けたことがあったらしい……

戸建売却の仲介を頼まれ、物件について調査をしたところ、売主から、数年前にシロアリの被害に遭い、業者に駆除してもらったことがあるという話を聞きました。しかし、当時の資料は残っていないそうで、具体的に買主にどうやって説明すればいいのかわかりません。

物件を調査することは、仲介業者にとって非常に大切な業務です。物件調査には、現地調査、法務局での権利関係の調査、役所調査、インフラ調査、等がありますが、不動産について、売主にヒアリングを行うことも重要な調査です。

仲介業者が調査すべき事項、あるいは買主に説明すべき事項のうちには、売主の記憶や認識以外、何も資料が存在しないような事項も少なくありません。たとえば、外観からはわからない過去の災害等による被害（浸水・シロアリ）や修理履歴、地中障害物の有無、物件に関する紛争の存在、心理的瑕疵となりうる騒音、異臭、敷地内での事故や、迷惑な近隣住民の存在については、売主からヒアリングする以外にはなかなか情報がつかみづらいのが実際のところです。

そこで調査方法として、告知書という書面を準備し、売主に各事項についてあるかないかを記載してもらい、「ある」の場合は、その内容を具体的に記載してもらうようにするのがよいでしょう。不明な場合もその旨を告知してもらいます。完成した告知書には、売主が現時点で知りうる限りの事柄を記載したものであることを表示したうえで押印してもらい、買主にも告知書を受領した旨の押印をもらい、重要事項説明書に添付して買主に渡しておくべきです。

不動産株式会社
遅くまで熱心ね
あ カホリン先生
へえ 重要事項説明書づくりか
先生のアドバイスでちゃんとつくりました
現地調査 登記 役所 インフラ
いいじゃない
あら 売主のヒアリングがないわね
ヒアリング？
あ 売主に聞いてない
明日行ってきます

シロアリ⁉
もうずいぶん前のことだから資料も残ってないが駆除をしてもらったことがある
覚えておらん
何年前ですか？
他に何か修理や工事などありますか？
大雨で一度浸水したこともあったし。そういえばあれやこれや
ずいぶんあるなァ
よかった。カホリン先生のアドバイスがなければこんな事実を見逃すとこだった

外観からでは全くわからない事実があるんだな
物件に関することは告知書として売主に記入してもらわねば
この告知書に売主様の署名と押印をもらい買主にも受領した旨の押印をもらおう
これを重要事項説明書に添付して買主に渡せばあとあとのトラブルはさけられる
物件状況告知書
要因の告知
情報開示項目
有り
無し
不明
有りとしたときの具体的内
地主が情報開示した不動産
土地所在
建物所在
上記に記載した情報は売主が署名した時
売主署名時の氏名
平成○○年 ○月 ○日
売主氏名
売主から物件の現状について告知を受け
豊一郎

36 不実の告知と契約の取消し

隣は空き地だったのに……

以前マンションの仲介をしたとき、「日当たりは大丈夫か?」と聞かれましたが、隣地が10年来更地の空き地だったので、「当分大丈夫ですよ」と答えました。ところがその後間もなく、空き地に高層マンションが建ってしまいました。契約を取り消されるようなことはないでしょうか。

宅建業者は、取引上重要な事実について故意に不実のことを告げる行為が禁止されています（宅建業法47条1号）。日当たりのように建物の環境に関し、契約の判断に重要な影響を及ぼすことになる事実も、ここでいう重要な事実に該当しますから、隣に高層マンションが建って日が当たらなくなるのに大丈夫だと説明していたことは不実の告知ということになります。ただ、この義務は、故意に不実を告げることを禁止するものであり、質問の場合は故意とされず、宅建業法上は不実告知禁止の違反とはされないかもしれません。

しかし、事業目的でない個人を相手とする不動産の取引に適用される消費者契約法は、不実告知に基づき契約の意思表示を取り消すことができると定めています（4条1項1号）。この規定は告知が故意であるか否かを問いません。仮に高層マンションの建設を知らなかったとしても、大丈夫だと告げていれば、契約が取り消されてしまうこともあり得ます。さらには、誤った説明で損害を被ったとして、損害賠償を請求されることも考えられます。

取引額の大きい不動産売買契約では、契約が取り消された場合の損害も大きくなります。安易な説明で成約を急ぐのではなく、慎重な説明で納得してもらったうえで契約をしてもらわなければなりません。

売上表
くそう 同期の久保田に差をつけられている
なんとしても今の物件を売らねば
いいマンションね
お隣りも広い空き地だし開放的ね
この空き地は大丈夫なの？
はい 当分このままです
じゃあ決めた

売上表
やったな遠藤
遠藤さん あの土地のこと ちゃんと 調べたの？
カホリン 先生
いえ 10年以上も あのままだし 大丈夫じゃない かと思って
だめよ ちゃんと 調査して おかないと
宅建業法で 取引上重要な 事実について 故意に不実の ことを告げる 行為は 禁止されて いるのよ
故意に言った わけでは ないんですけど
消費者契約法では 故意でなくとも 不実告知に基づき 契約を取消すことが できるのですよ

今回の場合
マンション建設を
知らなくても
「大丈夫」と告げてると
契約が取り消される
こともあり得ますし
損害賠償も請求
されるかもしれません
タワーマンション
建設予定地
えー!?
契約を
急ぐあまり
安易な説明は
トラブルの元よ
あそこに
マンションの
計画は
ないと
思うけど
…
おいっ
あの空き地に
高層マンションを
建てる計画があるそうだ。
話が違うじゃないか!
…
!

37

住宅性能評価制度

中古住宅も評価してもらえるの？

中古戸建て住宅の売却を仲介することになりましたが、築20年の古い建物であるため、雨漏りや耐震性などを、お客様が信頼できる形で説明したいと考えています。どのような方法が望ましいでしょうか。

質の良い住宅を安心して購入するためには、住宅の品質・性能が客観的に信頼できる形で評価される仕組みが必要です。建物の住宅の品質確保の促進等に関する法律（住宅品質確保法）は、このようなニーズに対応して、住宅性能表示制度を設けています（5条以下）。これは、国土交通大臣が登録した第三者機関である登録住宅性能評価機関が、国土交通省の定める住宅性能表示基準に基づいて客観的な品質評価をするものであって、中古住宅でも利用できます。①現況検査により認められる劣化の状況、②個別性能に関すること（耐震性などにかかわる構造の安定、火災時の安全、維持管理・更新のしやすさ、防犯など）について評価を受けることができます。この評価は仲介業者も申請できます。ご質問の場合も、評価機関の評価を受けて現況検査・評価書を基にした説明をすることによって、契約交渉に際して安心感を持ってもらうことができるでしょう。

住宅性能評価を受けると、問題が生じた場合に指定住宅紛争処理機関を利用できるというメリットもあります（住宅品質確保法67条）。もっとも、既存住宅の性能評価を受けただけでは、契約上、売主が評価書の性能を備える住宅を引き渡すことが義務づけられるということにはなりません。このことを売主の義務とするには、評価書の内容を売買契約の内容とする合意が必要です。

築20年の住宅です
でも新築みたいでしょ
水周りなどは？
私が点検したところ問題ありません
あなたは建築の専門家なの？
いえ仲介業者です
心配だわ
いまいち信用してもらえません…
住宅性能表示制度を使って第三者機関の客観的な評価を受けるという方法もあります。万が一のトラブルの際に指定紛争処理機関を利用できるというメリットもあるわ

38 住宅瑕疵担保履行法

新築住宅に欠陥。ところが売主はすでに倒産……

以前に売買を仲介した新築住宅について、雨漏りの欠陥がみつかりました。ところが売主はすでに倒産しており、修理をしてもらうことができません。買主からは苦情がきています。どうすればいいでしょうか。

新築住宅の売主は、構造耐力上主要な部分または雨水の浸入を防止するための部分に隠れた欠陥（瑕疵）があった場合に、瑕疵の修補をする義務を負います（住宅品質確保法95条1項）。住宅の基礎や壁、柱、屋根、サッシなどが、この義務の対象になります。新築住宅で、これら部分に瑕疵があるときには、買主は、売主にその修理を求める権利があります。

しかし、買主に権利があっても、売主が倒産してしまうと、現実的には修理はなされず、損害賠償も行われません。そこで、買主保護のため、住宅瑕疵担保履行法が制定されました。この法律によって、平成21年10月1日以降に新築住宅を引き渡す事業者は、保証金の供託か保険への加入という資力確保措置を講じることが義務づけられていますので（同法3条、11条）、この日以降に引き渡されていたのであれば、いずれかの措置がとられています。

したがって、このような場合、買主は他の業者に頼んで修理をしたうえで、供託金の還付請求か保険金の支払い請求をすることになります（同法6条2項。また、2条5項2号ロ参照）。

なお、新築住宅の売買契約では、資力確保措置の内容は重要事項説明書や契約時の交付書面に記載されますから（宅建業法35条1項13号、37条1項11号）、これらの書面を確認すれば、どこから還付や支払いを受けられるのかを知ることができます。

雨漏り!?
不動産株式会社
新築物件なのに雨漏りしてるぞ！欠陥住宅だ
売主はすでに倒産しています
そんなこと知ったことかあんたの仲介で買ったんだ！
責任をとってくれ！
困りました

新築住宅の場合
瑕疵があれば、売主には
10年その補修の義務が
あります
しかし今回は売主が
倒産しているため
損害賠償も請求する
ことができません
契約書を
見せて
ください
はい
安心して
ください
え？
トン
住宅瑕疵担保履行法が
制定され、平成21年10月1日
以降に新築住宅を引渡す
事業者は、保証金の供託か
保険への加入が義務付け
られています

ということは？
本物件は平成21年10月1日以降の引渡しなのでどちらかの措置がとられています
買主は他業者に頼み修理をしたうえで供託金の還付か保険金の支払いを請求できます
よかった
この内容は契約の際交付書面に記載されていますよ
そうでした
ありがとうございましたカホリン先生

39 手付に関する信用供与の禁止

手付金の支払いをあと回しにしてもいいの？

当社の紹介物件をお客様に気に入っていただきました。ただ、手元にお金がなく、手付金をすぐには用意できないということだったので、とりあえず契約書を作成しておいて、後日銀行融資を受け、手付金を支払ってもらおうと思いますが、よろしいでしょうか。

不動産の売買は、貴重な財産を対象としており、多くの一般消費者にとって、一生に一回しか行うことのない取引です。したがって、購入にあたっては、慎重に意思を固めてもらう必要があります。

宅建業者は、免許を受けてこのように重要な取引に関与することができる立場にあり、安易に取引の成立を急がせることがあってはなりません。金銭を用意せず単に下見のつもりで訪れた顧客に対し、購入意思が不確実であるにもかかわらず、手付金を貸し付けるなどして契約を締結させるといった行為は、宅建業者としては行ってはなりません。

そのような観点から、宅建業法は、手付について、貸付けその他信用の供与をすることにより契約の締結を誘引する行為を禁じています（47条3号）。手付金の貸付けのほか、分割払い、支払い猶予も信用供与にあたります。

ご質問のように、「あとで払ってくれればいい」と言って手付金を契約締結時に受け取らないことは信用供与にあたります。手付金につき信用供与することは、一見すると顧客の利益になるようであり、お客様へのサービスのようにみえないこともありません。しかし、決して許されるものではなく、不当な勧誘として禁止されています。営業活動を行うにあたっては、十分理解しておかなければなりません。

気に入った
契約しよう
手付金を用意するのにはまだ少し時間がかかるが
先に契約書を交わしておけないか？
いいですよ
今月中には必ず振り込んでください
不動産
契約できたの？
ええ
手付金も今月中には振り込んでくれるそうだし
手付金の受取りをあと回しにするなんてダメよ
え？
これは信用供与にあたり不当な勧誘として禁止されているのよ
えーっ⁉

40 手付解除の時期

いまさら「売るのをやめる」と言われても……

住宅の売買契約で、売主から「手付を返還して契約を解除したい」という相談がありました。すぐに買主に連絡したところ、売買代金を用意するためすでに銀行にローンの申込みもしており、「いまさら解除されるのは困る」と言われてしまいました。売主は、買主の意向に反しても、手付の返還（手付倍返し）による解除ができるのでしょうか。

不動産の売買は、多くの場合に、契約から時間を置いて決済がなされます。そのため、売買契約のときに、手付の授受がなされるのが一般的です。

手付には、①契約成立の証、②買主に債務不履行があった場合に売主が没収する違約金、③売主の倍額返還か買主の放棄による、双方への契約解除権の付与という意味があります。③の意味で交付される意味での手付を解約手付と呼びます。

解約手付については、解除権行使につき、民法上、時期的な制約があり、当事者の一方が契約の履行に着手するまでは解除ができますが（557条1項）、いずれかが契約の履行に着手した場合には、相手方は解除ができないものとされています。契約履行期よりも前に履行に着手したことになるかどうかについては、客観的に外部から認識できる形で履行の一部をしたか、履行のため不可欠な前提行為をしたかという基準で判断されますが（最高裁昭和40年11月24日判決）、代金の支払いの準備として資金を銀行から借り入れる申込みをしたというだけでは、履行に着手したとはいえないことが多いと思われます。ご質問の場合では、買主の意向に反しても、手付の返還（手付倍返し）によって解除することができるということになりそうです。

不動産株式会社
ええっ⁉
引越しの予定がなくなったから売るのをやめたい⁉
そんな
銀行
買主は銀行ローンの手続きも終えております
そこをなんとか説得してくれ
手付金の倍返しはする
まいったぞ
どうしたらいいのでしょうカホリン先生

こんな時期になって売主は買主の意向に反しても手付倍返しだけで契約解除ができるのでしょうか？
できます
えー!?
売買契約のときの手付には意味があります
契約成立の証
違約金の意味あい
売主の倍額返還か買主の放棄により双方へ解除権を与えるもの
今回は売買契約書で解約手付だと明記されてます
つまり当事者の一方が契約の履行に着手するまで解除ができます

銀行
買主は住宅ローンの借入申込みをしているから履行に着手しているといえるのでは？
いえ、住宅ローンの申込みをしただけでは履行着手があったとはいえないでしょうね
融資
履行に着手したかどうかは客観的に履行の一部を行った場合や、履行のために不可欠な前提行為をしたかどうかで判断されます
今回は手付倍返しで解除できると思われます
こんなことになるとは思わなかった
トラブル防止のためにも売主側の状況など周辺事情を事前によく確認しておくことが大切ですよ

41 重要事項説明書と契約書の関係

重説にはきちんと書いてあるのに……

1年前に当社が所有土地を売却しましたが、重要事項説明書で、買主に「地中に使用されていないコンクリート製のタンクが埋設されている」と記載して説明を行ったうえで、売買契約を締結しました。ところが引渡し後、買主がタンクの撤去費用を求めてきました。売買契約書には、タンクについて記載はありません。買主からの請求に応じなければならないのでしょうか。

重要事項説明書は、不動産の売買に先だって、買主が不動産を買うかどうか判断するために、必要な情報を提供することを目的として作成されます。一方、売買契約書は、売主と買主との間に、売買契約が成立したことの証として作成されるものであり、売買の目的物、売買代金、その他の取引の条件等を記すことが目的です。また、重要事項説明書が必要な情報を一方的に説明する形式であるのに対し、売買契約書は、売主と買主の双方の意思が合致したことを示すものです。これら2つの書面は作成される目的、時期、記載されるべき内容が異なり、ある事柄が重要事項説明書に記載されていても、必ずしもそれだけで売買契約の内容になるとはいえません。

ご質問のケースは、買主は地中のタンクの撤去費用を、瑕疵担保責任として請求しているようですが、仮に重説で地中にタンクがあることについて説明をしていても、それだけでは、売主が地中タンクの瑕疵担保責任を負わない旨が売買契約の内容として合意されていたかどうかは、わかりません。契約では撤去費用負担区分がどうなっていたのかを、別途判断しなければならないことになります。

地下のタンクの撤去費用を払ってくれ！
不動産株式
地下タンクがあることは重要事項説明書に記載してあります
こっちは当然撤去してくれるものと思っていた
どうしたらいいんだ？
この重説ではタンクがあることは説明してあるけど、瑕疵担保責任を負うかどうかについて契約書に記載してありませんね
そこまで書かないとダメですか？
契約書に撤去費用の負担区分をしておくべきでした
契約書と重説は違うのよ

42 現状有姿

現状有姿だから瑕疵担保責任は負わないはず……

戸建て住宅の購入者が、シロアリによる被害があったとのことで、売主に損害賠償を求めています。契約書には「売主は、目的物を現状有姿にて引き渡す」とあるのですが、それでも売主は責任を負わなければならないのでしょうか。

売買契約の売主は、目的物に瑕疵があった場合に、損害賠償請求や契約を解除される責任を負うとされており（民法５７０条、５６６条）、これを瑕疵担保責任と呼びます。不動産売買契約では、ご質問のような現状有姿（現況有姿ということもあります）での引渡しが合意されている場合があります。しかし、その意味については後日問題とされることが少なくありません。

現状有姿という文言には、少なくとも売却にあたって特段の補修工事を要しないという意味が盛り込まれていることは確かでしょう。問題は、さらに進んで、瑕疵担保責任をも免除するという意味があるかどうかです。この点は、当事者の意思次第です。裁判所も、瑕疵担保責任免除の意思を認定することもありますが、他方瑕疵担保責任免除の効果を否定し、売主の瑕疵担保責任を認めたものもあります（東京地裁平成18年1月20日判決）。

ご質問のケースでも、条項が単に引渡し方法を示しているにとどまることからすれば、シロアリについて責任免除まで認められない可能性もあります。

瑕疵担保責任の限定ないし免除を想定した契約をする場合には、そのことを明確な文言で示すべきであり、トラブル防止の観点から、現状有姿という文言でひとくくりにするのは適当ではありません。建築診断等によりトラブルを未然に防ぐ工夫が重要でしょう。

不動産株式会社
シロアリ!?
お宅の仲介で買った住宅にシロアリ被害がある
損害賠償を求める
売主に問い合わせてみます
契約書に「現状有姿」とある
買主は現状に満足し買ったのだから文句はないはずだ
困りましたカホリン先生
現状有姿で契約しても瑕疵担保責任を免れられるかどうかは別よ

現状有姿というのは引渡しまでに特段の補修工事をしないという意味と考えられるわ
今回の場合も引渡し方法に関していえば問題はないのだけど
シロアリ被害の瑕疵について契約時に何もとり決めていないじゃない
シロアリのことは売主から聞いていませんでした
それが問題なの
仲介の責任ですか⁉
もう一度売主に問い合わせましょう

カホリン先生！
売主に詳しく聞いたところシロアリの件は知っていました
売主と買主が話し合い補修費用の損害賠償をすることで話がまとまりました
よかったわね
今回は大きな問題にならなかったけど、瑕疵担保責任を免除するかどうかは契約書で明らかにしなければならないのよ
もちろん瑕疵がないかどうか調査して確認することも大切よ

43

直接取引

クロージングまでは依頼者との信頼関係を……

当社が住宅の所有者から売却の依頼を受けた物件に、別の仲介業者A社からの紹介で購入希望者がつき、契約に向けて準備をしていました。ところが、契約予定日直前になってその購入希望者から当社に直接連絡があり、「A社を通さずに直接御社と契約をしたい」というのです。A社抜きで直接契約してもいいのでしょうか。

不動産の購入・売却の仲介を依頼された宅建業者は、希望の売買契約を成立させることで仲介報酬を請求できる立場にあります。自らの労力で契約締結まで至った案件が、外されたまま契約されてしまうと、労力を利用されながら報酬の支払いを受ける機会を失うという、不当な結果になってしまいます。誰が契約を結ぶかは原則として自由競争に任されるものではあるものの、このように、取引を横取りするようなことがあると、報酬を得られるはずだった仲介業者に対する不法行為（民法709条）として損害賠償の責任が生じます。

ご質問のような状況で、買主が仲介業者を介して物件を紹介されていたのに、その業者との仲介契約がされたかどうかを確かめることもなく買主と直接契約したなどの事実から、取引上の信義則に著しく反する重大な過失があったとして、買主側の仲介業者に対する損害賠償責任を認めた事例があります（横浜地裁平成18年2月10日判決）。買主側の仲介業者がいる以上は、直接取引をするべきではありません。

仲介業者としては、売買契約を締結し、決済が完了するクロージングまで依頼者の気持ちが離れていくことのないように、信頼関係を維持することが大事であることも確認しておきましょう。

この住宅を売りたい
いい物件だからすぐに買手がつくでしょう
RRR
はい
A社様の紹介であの物件を希望されているのですね
わかりました
よしうまくいきそうだ
RR
えっ
直接取引を？

A社との仲介は取りやめてお宅と直接購入の手続きをしたい
ご来店ください
A社と何かあったのかなァ
ちょっとそれはマズいわよ
えっなぜですカホリン先生？
下手すると損害賠償になるわよ
ええっ⁉
仲介業者は売買契約を成立させて仲介報酬をもらうものよね
はい

今回A社との仲介契約が終了したかどうか確かめないで買主と直接契約を結べば横どりとなりますよ
B社
A社
A社との信頼関係にも影響します
A社
過去の判例でも似たようなケースで損害賠償責任を認めたことがあります
A社にも問題があったのかも知れませんが仲介業者は売買契約を締結し、決済が完了するクロージングまで依頼者との信頼関係を保つ努力が大切です

賃貸編

44 賃借人の募集広告の規制

賃貸人は業者ではないのですが……

ワンルームマンションを建設予定の個人のお客様から、完成後の建物一棟全部について、賃貸の仲介を依頼されました。宅建業法で建築確認前の広告は禁止されていますが、このお客様は宅建業者ではなく、宅建業法は適用されません。そこで当社が建築確認が下りる前から募集広告をしたいと思っています。もし建築確認前のチラシやパンフレットによる広告がダメなら、現地に看板を立てたり、電話での勧誘だけでも早期に行う予定ですが、よろしいでしょうか。

宅建業法は、工事完了前の物件につき、建築確認が下りる前の広告を禁止しています（33条）。禁止の理由は、建築確認が下りるまでは、建物の形状等が変更される可能性があり、広告した内容と実物とが違ったという結果が生じることを避けるためです。

そして、仲介業者が行う広告については、賃貸人が宅建業者ではなくても宅建業法の規制を受けますから、ご質問のケースでもでも建築確認が下りるまでは広告を行うことができません。

また、仲介業者が広告を行う際は、表示規約の規制を受けます。表示規約の規制対象となるのは、①物件自体、モデルルーム等による表示、②チラシ、ビラ、パンフレット等による表示、および口頭による広告その他表示（電話によるものを含む）、③ポスター・看板、これらに類似するものによる広告、④新聞、雑誌、放送等による広告、⑤パソコン等情報処理の用に供する機器による広告です。表示規約にも宅建業法と同じく広告の開始時期の規制がありますので、仲介業者が建築確認前に電話での広告や、現地の看板等を行うこともできません。

（資料）住宅新報社『不動産広告の実務と規制』

どーん
60戸のワンルームマンションですか⁉
あそこにどーんと建てるんだ
本当ですか徳永さん
そこでお宅に仲介をまかせたいんだ
どーんと
ありがとうございます
なるべく早く賃借人募集の広告も出したい
宅建業法では建築確認前の広告は禁止されております
わしは宅建業者じゃないから大丈夫だろう？

たとえオーナーが業者でなくても宅建業法の適用を受けますよ
そうなのですか？
建物の形状が変わる可能性もありますからね
広告した内容と実物とが違っていては大きなトラブルになるのは必至です
そのために建築確認を待つ必要があるのです
仲介業者が広告を行う際には表示規約の規制もあるから注意が必要です
徳永さんは一棟丸ごと法人に借りてもらうための広告ならいいだろうと言ってます

そういう
広告も
ダメです
ワンルームマンション
堂々誕生！
看板は
どうだ？
どーん
ダメです
広告の開始時期
には規制が
あるのですよ
建築確認が
下りてから
スタートです
はい
まいった
60戸の
マンションは
ムリだった
徳永さん

45 賃貸物件における景品

フリーレントは景品表示法に違反しませんか？

当社で管理している賃貸マンションで、お客様の反応が少しよくないので、契約者に1カ月分の賃料を無料にするキャンペーンをしたいと思っています。これは値引きの一種だと考えているのですが、何か注意点はありますか。

入居当初の一定期間、賃料支払い義務を免除することは「フリーレント」といって、事業用の賃貸借を中心に一般化しています。コンプライアンス上も、原則的には問題はありません。もっとも、このような貸し方については、景品表示法と不動産業における景品類の提供の制限に関する公正競争規約（景品規約）に抵触しないかどうか、検討しておく必要もあります。

景品規約によれば、①不動産の代金等を減額・返還する際、その金銭の使い道を消費者に制限する場合、②代金等の減額といわゆる景品とを消費者に選択させる場合、③電気代、水道代、ガス代等をサービスする場合、等の場合は、いわゆる値引きであっても景品として扱われ、景品規約のルールに従わなければならないとされています。景品にあたる場合は、景品とされる金額の上限が制限されます。仲介の場合、報酬限度の10％か100万円のいずれか低い額まで、賃貸人自ら行う場合および代理の場合は、礼金・当月分の家賃、前家賃、管理費等、契約締結時に必要な費用（敷金等、あとで返還される金銭は除く）の10％か100万円のいずれか低い額までが上限です。

コンプライアンスの観点からは、フリーレントに限らず、実際日常的に行われている取引方法であっても、法令に違反することがないかどうか、いつも頭の片隅においておくべきです。

契約を更新してくれた方に1ヵ月賃料無料というのはどうでしょう？
いいアイデアだな
でも景品規約にさわらないかしら？
そうなの？
これは値引きの一種だから景品にはあたりませんよ
このようなフリーレントは原則的に問題はありません
よしじゃあさっそくそのようにお客様にお伝えしよう

46 表示規約における不当表示

「敷金ゼロ」という広告をしてもいいの?

当社は宅建業者ですが、自社で所有しているマンションの賃借人を募集するにあたり、当初半年分の賃料を3割引きにしたり、敷金ゼロ円で契約することを考えていますが、注意すべき点を教えてください。

賃貸人が賃料を減額したりゼロ円にすることは、取引の対価そのものの減額であって景品の提供にはあたりません。したがって景品規約の規制を受けることはありません。

ただし、広告にあたって賃料等の表示をする際には、表示規約上の不当表示とならないよう留意する必要があります。

まず、賃料を半年間3割引きにする場合、半年後の賃料を表示したあとに「当初半年分の賃料は○円になります。」と表示するのであれば問題ありませんが、割り引きした賃料を大きく表示し、半年後の賃料をあえてわかりにくく表示した場合は、顧客に誤解を与えかねません。実際に広告のうちの一部分の文字を極端に大きくして、わざわざ顧客に不利な条件を見づらくしている広告も見受けられますが、場合によっては問題があると考えられます。また、割引き期間を2年間のような長期間とし、割り引きした賃料を本来の賃料と併記して表示することも、実際には本来の賃料があたかも架空の賃料であるかのように認識され、顧客に誤解を与えてしまうため、不当表示となるおそれがあります。

次に、敷金とは賃料や原状回復費用等の賃借人の債務に充当するためにあらかじめ交付しておく金銭です。「敷金ゼロ円」と表示して広告をすることは差し支えありませんが、その際は、退去時に原状回復費用の支払いが生じる可能性があることも併せて表示しておいたほうがいいでしょう。

この場所で
貸料
5万円
敷金0
この広告
不当表示に
なるおそれがあるわ
え？
本当の賃料は
8万円なのに
小さく書いて
あるじゃない
なお半年後から
賃料は月80000円に
なります。
当初半年分の
賃料を3割引きで
敷金ゼロにしたので
あえて本当の賃料は
目立たないようにしたのです
敷金ゼロの表示は
いいけど、本来の
賃料を小さくして
表示するのは誤解を与え
トラブルの元に
なりますよ
そうなの
ですか…
だいたい
「賃料」の
字が
まちがって
いるわよ
あ

47 広告費用

通常の広告費を仲介報酬と別に請求することは法律違反です！

賃貸マンションの客付けを依頼されています。賃貸人には急いで貸したいという強い要望があり、仲介報酬とは別に広告費を支払うとの申し出がありました。賃貸人から広告費を受け取っていいでしょうか。

仲介報酬として受領できる金額は定められており、宅建業者はその額以上の報酬を受領することはできません（宅建業法46条1項・2項）。この報酬の中には、通常の広告を行うために必要な広告費が含まれています。通常の広告のための費用を、仲介報酬とは別に依頼者に請求することはできません。

ただし、テレビ広告や大規模な新聞広告などの特別な広告については、仲介報酬とは別に受け取ることができます。依頼者からの要望があり、通常の広告との違いや、発生する差額などを説明し、事前に追加の費用がかかることの承諾を得た場合に限って、特別の広告費を受け取ることが可能となります。

ところで、多くの宅建業者が、広告費の名目でさえあれば、通常の広告を行う場合にも、仲介報酬とは別な金銭を受領できると誤解し、賃貸人から広告費を受領しているという現実があります。賃貸人の側も、宅建業者のモチベーションを上げ、客付けが進むなら支払ってもいいと考え、その結果、広告費授受の名目をもって、堂々と宅建業法違反の金銭が授受されているわけです。

このような広告費に関する宅建業法違反が横行している事実は、宅建業者のコンプライアンスの観点からは、極めて憂慮すべき状況です。法律を無視した日常業務を行っていることがあるとしたら、強く反省し、業務の方法を見直すべきです。

急いで新しい入居者を探してほしい
努力はしてますが告知がなかなか…
やはりチラシを追加するしかないですね
費用がかかる
お金をかけなきゃ入居者は集まりませんよ
そうだな
ダメですよ
え？
通常の広告費を仲介報酬と別に請求することは法律違反ですよ
特別な広告を行う場合は費用を請求することもできますが、依頼者と内容や金額について十分話し合います

48 自殺の事実の説明

別の部屋を貸すときも説明しなきゃいけないの？

マンションの一室で自殺がありました。今後このマンションを借りようとする人すべてに、自殺について説明をしなければならないのでしょうか。

マンションのどこでどのような自殺があったのかは、千差万別であり、これから賃借しようとする人のすべてに対して、法律的な説明義務が生じるものではありません。

自殺を説明しなければならないのは、自殺があったマンションに住むことには、嫌悪感を感じる場合があるからです。嫌悪感の程度は、自殺から契約までの経過期間のほか、賃借の目的、自殺の態様、自殺があった事実の公知性、その物件にどんな人が住みどんな近所づきあいをするかといった事情によってすべて異なります。これらの要因を勘案し、一般人が心理的嫌悪感を感じる場合に、法律的な説明義務が認められます。

マンションでの自殺に関して、その部屋を次に借りる賃借人に対しては自殺を説明しなければならないけれども、自殺があった部屋と同じ階の別の部屋を賃借しようとする人や、誰かに一定期間賃貸されたあとでさらに借りる別の人に対しては、説明する義務がないと判断された裁判例もあります（東京地裁平成19年8月10日判決）。

なお、法律的には説明義務がないケースでも、実際にお客様に自殺の説明をするべきかどうかは、別の問題です。法律的な説明義務がなくても、入居後にマンションで自殺があったことがわかれば、気分を害する賃借人もいます。トラブル防止の観点から、法律的義務がなくても、賃貸人の意向を確かめたうえで、自殺の説明をしておいたほうがいい場合も多いと思われます。

302号室で自殺があったのですが新しい入居者にどう説明したらいいのでしょう?
自殺があった部屋については当然入居者に説明しますが他の部屋についてどこまで説明をすべきか――と
そうですね
自殺の事実は心理的嫌悪感を感じるものだけに法律的に説明義務があるのはご存知のとおりです
それがどこまで及ぶのかが問題ですね

過去の判例ではこのような例があります
同じ階の別の部屋を借りる人
一定期間だれかに賃貸されたあとに借りる人
その判例ではそのような人たちには説明義務はないと判断されました
なるほどその階全部にする必要はないということですね
ましてや全マンションに通知することもないわけだ

でも
これはあくまでも
その事件では
法律的に
説明義務が
ないとされた
というだけです
法律的？
お客様によっては
気分を害する人も
いるでしょう
オレ
だめ
人によって
感受性が
違います
からね
会社の信頼を得るためや
トラブル防止の
点からも
賃貸人の意向を確かめて
自殺の事実の説明を
したほうがいい場合も
あります

49

抵当権の説明

賃貸でも登記まで確認しなければいけない？

建物明渡し猶予とはどのような制度ですか？以前は違う制度だったとお聞きしましたが、どのように変わったのでしょうか？

かつては短期賃貸借保護という制度があり、抵当権設定後に設定された賃借権について、建物が賃貸されている途中で抵当権が実行された場合、建物賃貸借期間が3年以内なら、その期間は買受人に対しても賃貸借を主張できました。この制度は買受人に対し、賃貸借の対抗力を認めて不動産を使用し続けられるようにして賃借人を保護するものであり、したがって賃借人は買受人に対して敷金の返還を請求することもできていました。

しかし、現在この制度は廃止されています。平成16年4月1日以降に契約・引渡しのなされた建物については、短期賃貸借に代わって、建物明渡し猶予制度が適用されます。この制度では、賃借人は、6カ月は明渡しが猶予されますが、競売による買受人との間に賃貸借契約を結ばない限り、賃借人は買受人に賃貸借を主張することができなくなり、6カ月経過すると立ち退かなければなりません。買受人に対して敷金の返還を請求することもできません。もちろん、敷金を前の賃貸人に対して請求することはできますが、前の賃貸人は、抵当権を行使され不動産が競売にかけられており、敷金を返還する資産的余力がないことが予想されますので、賃借人保護の効果は、前制度に比べて相当に弱くなっているわけです。

このような制度を考えると、賃貸借の仲介でも登記簿で抵当権を確認することの重要性がわかります。抵当権が設定されている不動産を賃貸する場合は、万一抵当権が実行された場合の状況を把握し、その点に十分注意を払う必要があります。

競売開始決定が出た？
抵当権がついた物件だったからなぁ。そっちの物件は大丈夫か？
えっ すぐ調べます
あっ
抵当権がついてます
立退き要求のことを説明してあるか？
えっ どうだったかな？
調べてみろ
あー よかった 立退きの可能性があるって説明してあった
でも 賃借人って守られているんじゃないのですか？

以前はね
あっ
カホリン
先生
じつは
平成16年4月1日以降
建物明渡し猶予制度
に変わりました
それは？
以前は短期賃貸借
保護という制度で
賃借人は少なくとも
3年間守られました
ところが現在は
これがなくなり
競落後6ヵ月の猶予
しかありません

賃借人は、この間に買受人との間で賃貸借契約を結ばない限り立ち退かねばなりません
敷金の返還はできないのですか?
競売にかけられているくらいですから前の賃貸人に資金的余力はないと思われます
抵当権を甘くみてはいけない
抵当権が実行されれば立退かなければいけないこともあるので重要事項として説明しておかねばなりません

50 賃借人の選択

面倒くさそうなお客様だから断っちゃおうかな？

アパートの賃借人募集に問い合わせがありましたが、「周辺環境は静かか、隣に空き地があるが建物が建つ予定はあるか、上階に住んでいる人はどんな人か、ペットを禁止している理由は？」など入居後も色々大変そうなお客様でした。できればお断りしたいのですが、どのようにしてお断りすればよいでしょうか。

法律上、取引には、契約自由の原則があり、取引をするかしないか、誰と取引するか、どのような条件で取引するかは、自由に決めることができます。どのお客様に対しても、当然に契約を断ることができます。申込みがあったお客様に対して、どのように断るのかを検討する必要はありませんし、審査方法に決まりはなく、審査の過程の理由を示す必要もありませんから、入居審査に通らなかったとしてお断りすることも、考えられない言い方ではありません。もちろん、入居審査をしていないのに、審査に通らなかったというのは虚偽ですから、不適切でしょう。

もっとも、差別的取扱いなどの不当な理由で入居を断ることは許されません。外国人であることを理由にマンションへの入居を拒否したことが、契約締結に至る準備段階における信義則上の義務に違反するとして、損害賠償義務が認められたケースもあります（大阪地裁平成5年6月18日判決）。

なお、お客様からあれこれと質問があるのは、真剣に検討している証です。真剣に入居を検討しているお客様は大事にしなければならないのであり、質問が多いことから申込みを断りたいと考えてしまうこと自体、好ましいとは思えません。

ねちねち
くどくど
いやな客だな
この人入居後もトラブルメーカーになりそうだ
断わろう
でも断わったらいろいろ聞いてきそうだ
どうやって断わろうかな…
入居審査
法律上は理由は伝えなくてもいいのよ
カホリン先生
法律上、取引には契約自由の原則がありますからね
でも差別的取扱いで断わるのは許されません

51 入居審査での必要書類

重要書類は会社から持ち出さない！

賃貸物件で賃借人の入居審査の際、コンプライアンスの観点からどのようなことに注意したらよいか教えてください。

入居審査の際に特に注意すべきポイントとしては、①差別的な審査の禁止、②暴力団排除、③個人情報の管理、という3点があげられます。

まず、①の差別的な審査禁止の問題に関しては、たとえば、入居審査にあたって、出生地が審査項目とされる可能性がある審査方法などは不適切です。戸籍謄本の提出を求めることも、許されないと考えなければならず、住民票や収入証明など必要最小限の資料の提出だけを求めるべきです。性別や、高齢であることを理由として入居を断ることも差別的な審査です。

次に、②の暴力団の排除は、現在、健全な社会人として、十分に配慮しなくてはならない問題となっています。実際に暴力団と取引をしてはならないことはもちろん、しっかりとチェックをしていること自体が、宅建業者の姿勢を表すものとしての意味をもちますから、とても重要です。各地方公共団体の暴力団排除条例でも、事業者は取引にあたっては取引相手が暴力団関係者ではないことを確認しなければならないこととされています。

また、③の個人情報についてみると、入居審査の際には、沢山の個人情報を入手することになりますから、日常的に十分な配慮が必要です。個人情報に関する管理を徹底し、流出を防ぐことは大切なことであり、特に、データの入った携帯電話、パソコン、USBメモリー、書類の入った鞄の紛失等による個人情報の流出事件が増えていますので、社内での厳重な管理のみならず、できるだけ外部に持ち出さないなどの管理も重要です。

入居申込み したいのですが
はい
入居者
入居審査のため 必要書類を お預かりします
住民票と 収入証明書 そして 戸籍謄本
住民票
収入証明
戸籍謄本
では 後日 お知らせ いたします
よろしく
トン
おい 戸籍謄本は 入居審査には 必要ないぞ
えっ そうなの ですか？
内
出生地は 関係ない
差別的 審査を行わ ないよう 気をつけること
はい

外国人であるとか高齢などの理由だけで入居を断わるなんてあってはならない
はい 気をつけます
それから、入居審査では暴力団排除にも注意を払わねばならない
相手が反社会勢力の関係者ではないかどうか十分に確認する必要がある
もうひとつ重要なのが個人情報の管理だ
これら入居審査の際に預かった書類は大切に扱わねばならない
はい

ということでこの書類は本社に届けてくれ
はい
あ 彼女からだ
ごめん ごめん まだ仕事中なんだ
えっ わかったよ これから行くよ
この書類 明日朝いちで持っていけばいいか
バカヤロ!
重要書類と言っただろ!
なくしたらどうするの!
すみません…

52 保証契約

保証人に意思を確認しておくことは不可欠

賃借人が賃料を支払わないまま行方不明になってしまったので、連帯保証人となっていた賃借人の父親に連絡をとったのですが、その父親は「保証人になった覚えはない」の一点張りです。そんな契約は知らないどうしたらいいでしょうか。

連帯保証は、主たる債務者がその債務を履行しないときに、代わって履行をする義務を負う契約です。賃貸借契約において、保証人は、賃借人が賃料を支払わないときや、原状回復義務を尽くさないときに、賃借人に代わって賃料を支払ったり、原状回復したりする責任を負います。

住宅の賃貸借契約をする際に保証人を求めることは一般的ではありますが、世の中には保証人となることの責任の重さを十分に理解していない方もいらっしゃいます。仲介業者としては、保証契約を交わす際には十分な説明と、保証人の意思を確認することが必要です。この確認を怠ると、仮に賃借人が賃料を支払わなくなった際、保証人に対して賃料等の支払いを請求しても、保証人が保証人になったこと自体を否定し、支払いに応じないという事態を引き起こしかねません。

このような事態を生じさせないために、できれば契約の際、保証人に同席してもらい、保証人になることの意味を十分に説明し、保証人になる意思があるかどうか確認すべきです。もっとも、現実的には、契約の際に保証人に立ち会ってもらえないことが多いかもしれません。その場合でも、電話などで保証人と連絡をとり、直接に意思を確認しておくことは不可欠です。電話などで連絡をとった場合に、その記録は必ず書面に残しておきましょう。

保証人様は？
不動産株
すみません
父ですが
急用で同席
できません
押印は
してもらって
ます
保証人はご本人と同じ
責任を負うわけですから
お父様が本当に保証人に
なる意思があるか
どうかの確認をさせて
もらいます
昌子様の
お父様
ですね
ありがとうございます
確認できました
契約締結です
確認して
メモを残す
ことは重要よ
はい

53

鍵の交換

新しい入居者が鍵の交換費用は「支払わない」と言っている!

当社で管理している賃貸マンションでは、新しく入居者が入る場合、鍵の交換費用を新しい入居者に負担してもらっているのですが、今回の入居者は「鍵の交換費用を賃借人が負担するのは納得できない」と言って、交換費用を払ってくれません。仕方がないので、鍵を交換しないで引渡しをすることにしようと思いますが、それでいいでしょうか。

賃貸人は、部屋を明け渡してもらうときには、鍵の返還を受けます。しかし、鍵を紛失して返還を受けられない鍵もありますし、コピーされた鍵があるかもしれません。第三者に合鍵を渡していることも珍しいことではありません。建物の管理者としては、鍵を交換しないまま新しい賃借人に鍵を渡してしまうと、返してもらわなかった鍵やコピーされた鍵を使って建物に無断で侵入される危険性があります。万が一、第三者が建物に侵入した場合、管理者としての責任が問われる可能性も否定できません。

このようなトラブルを避けることは、賃貸人の義務です。鍵の交換費用について、当然新たな賃借人の負担だと思っている賃貸管理業者もいますが、正しい考え方とは思えません。鍵の交換は賃貸人の義務を果たすための費用であり、賃貸人が負担するべきです。この点は、賃貸人にも理解を求めるべきです。

鍵の管理の問題については、かつて、管理者である不動産業者が管理している建物の合鍵の管理が不十分であったため、建物に不法に侵入することによる犯罪が発生したこともありました。鍵の管理は賃貸管理の基本です。十分に気をつけなければいけません。

鍵の交換費用を負担するのですか⁉
鍵はそちらで交換するのが当然でしょ？
入居者にお願いしています
そんなバカな
では現状の鍵を使ってください
そんなのイヤです！
鍵の交換は賃貸人の責任でやるべきじゃないかしら
あっカホリン先生
賃借人は部屋を明け渡す際鍵の返還をしますよね

この鍵がすでに
コピーされている可能性が
あります
ガチャ
第三者が
この鍵を使い
侵入するかも
しれません
万一このような事件が
あると、賃貸人か
管理業者が責任を問われる
可能性もあります
！？
このような
トラブルを
避ける
ためにも
賃貸人の
責任で確実に
新しい鍵を
つけるべき
です
しかし
わが社は
鍵の交換は
賃借人の
負担と
考えて
おります

事件やトラブルになれば責任を問われる可能性が高いですよ
賃貸人にも理解を求めましょう
それから会社で預かっている鍵の保管管理も重要ですよ
管理不十分で不法侵入が起これば事件になります
わかりました
山下
先生ありがとうございました

54

修理費用の負担

「雨漏りは自分で修理してください！」それでいいのかなあ……

当社の管理している古い一戸建ての賃貸住宅で、先日雹（ひょう）が降ったあと、屋根が破損し雨漏りがするようになったという連絡がありました。賃借人は、雨漏りの修理が終わるまで賃料を払わないと言っています。賃貸人は高齢で資金も厳しく、負担をかけたくありません。屋根の修理くらいは賃借人にやってもらいたいと思うのですが、いかがでしょうか。

賃貸借契約上、賃貸人は、賃借人に対して、目的物を使用収益させるという義務を負っています。この義務は、目的物を賃借人に引き渡し、賃借人の使用に任せるという意味にとどまらず、賃借人が目的物を使用できる状態に保つという意味をもっています。目的物を使用できなくなれば、賃貸人の負担でそれを修補して使えるようにしなければなりません。

そこで、賃借人から使用できない部分の修繕を求められれば、賃貸人はこれに応じなければならないということになります。ご質問の場合でも、雨漏りによって、居住に支障が生じていますから、賃貸人修繕義務が生じることは当然であり、賃貸人が雨漏りを修繕をしなければなりません。

ただ、修繕義務はあくまで賃借物を「使用収益できる状態に保つ」ものですので、たとえば窓の立て付けが悪くなったが開け閉めには問題がないという程度の事案であれば、それを修繕しなくてもあえて義務違反とまでは判断されないことが多いと思われます。

なお、賃貸人がなすべき修繕をしない場合、賃借人が自分で修繕をしてしまうこともあります。この場合の修繕費用は、必要費として、その額を賃借人から賃貸人に対して請求することが可能です。

雨漏り？
大雨で雨漏りがひどい
早く修理をしてくれ
オーナーには伝えてありますが賃借人さんの負担で直してほしいと言っております
なんだって⁉
修理するまで賃料は払わないぞっ！
まいったなあ
悩む問題じゃないでしょ
あっカホリン先生
ガチャ!!

賃貸人は賃借人に対し物件を使用できるように保つ義務があるのですよ
使用ができない状態ならば賃貸人の負担で修理しなくてはなりません
賃借人から修繕を求められればこれに応じなくてはいけません
すると請求がどんどんエスカレートするのではないですか？
「使用収益できる状態に保つ」という義務ですから
生活に不便がない状態に保てばよいのです

窓の立て付けやふすまの開閉など生活に支障を起こさない程度のものは修繕しなくとも義務違反にはならないでしょう
先生あの雨漏りは賃借人が業者に依頼して修繕したそうです
そう
その費用は賃貸人に請求して払ってもらいましょう
あら雨？
ウチの傘を使ってください
ありがとうございます
こちらも修繕してほしいわね

55 自殺についての遺族の責任

身内を亡くした遺族に損害賠償を請求するの？

アパートの賃借人が自殺し、腐乱した状態で発見されました。お気の毒ではありますが、異臭や変色が生じた部屋を元通りにするのに多額の費用がかかり、また改装後も大幅に安い賃料でしか貸すことができなくなりました。賃貸人はご遺族に賠償を請求することも考えているようなのですが、いかがでしょうか。

賃借人は法律上、物件を返還するまでの間、借りた部屋の価値が自然減耗以外の要因によって下がることのないようにする義務を負っています。したがって、自殺によって心理的嫌悪感を与える欠陥を生じさせ、通常よりも安い賃料でしか貸すことができなくなった点については、賃借人に損害賠償義務が生じますし、部屋の床、壁、天井に異臭や色が染みついてしまったことについて、床、壁、天井などを張り替える費用は、賃借人の義務違反により生じたものとされ、賃借人に対して、原状回復費用として請求することができます。

そして、賃借人の義務は、賃借人が死亡すれば原則としてその遺族に相続されますので、法律的には、遺族が原状回復義務や損害賠償義務を負うことになります。

とはいえ、遺族からすれば、身内を自殺によって失ったことで、これ以上ない大きな精神的打撃を受けている状況にあります。そのうえに損害賠償まで求めるのは、苛酷と言わざるを得ません。遺族に対して損害賠償を請求するという方法は、法律的には可能ではあるものの、できれば避けたいところです。原状回復費用のほうは、常識的な範囲ならば、請求しても差し支えはないと思われます。

５０２号室で自殺があった
部屋は異臭がし元通りにするのに多額の金が要る
おまけにイメージダウンで大幅に安い賃料でないと貸せない…
ダブルで大損害だ
遺族には気の毒だが損害賠償ができないか？
どうでしょう？
カホリン先生

法律上のことを説明しますと、賃借人は物件を返還するまでその物件の価値を自然損耗以外の要因によって下げてはならない義務があります
自殺により心理的嫌悪感を与える欠陥を生じさせ賃料を下げなくてはならなくなったとのことですので
これは賃借人に損害賠償義務が生じることになります
そして壁や床の改装費用も賃借人の義務違反により生じたものなので、原状回復費用を請求できます
賃借人が死亡すればその義務は遺族に相続されますね

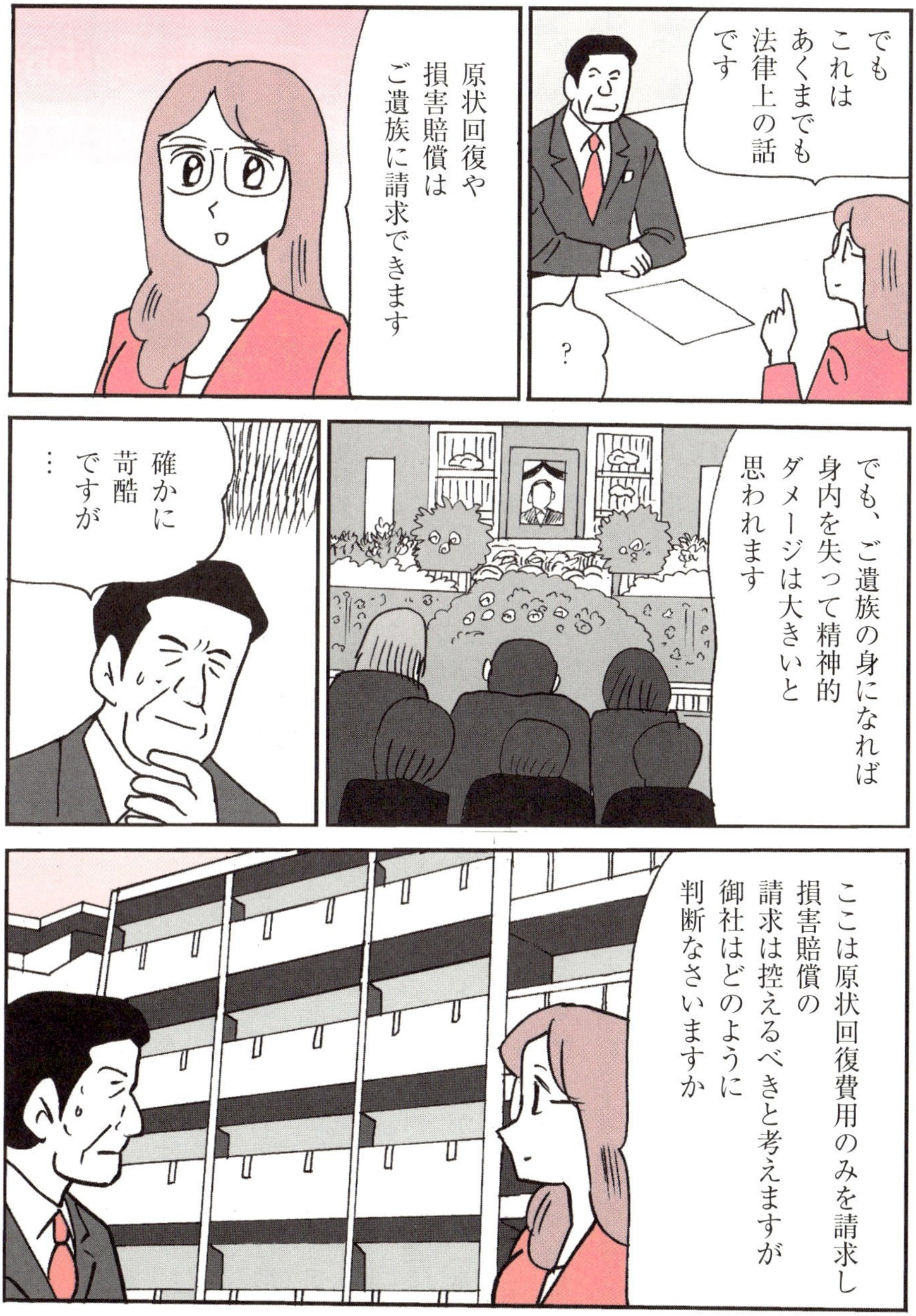
でもこれはあくまでも法律上の話です
？
原状回復や損害賠償はご遺族に請求できます
でも、ご遺族の身になれば身内を失って精神的ダメージは大きいと思われます
確かに苛酷ですが…
ここは原状回復費用のみを請求し損害賠償の請求は控えるべきと考えますが御社はどのように判断なさいますか

56 更新料特約の有効性

最高裁が「大丈夫！」って判断したんじゃないの!?

「更新料が消費者契約法に違反しない」という最高裁の判決が、大きなニュースになっていました。賃貸管理を行うにあたっては、更新料の取決めについて、どのように対処すればいいのでしょうか。

消費者契約法で、消費者の権利を制限し、または消費者の義務を加重する消費者契約の条項であって、民法1条2項に規定する基本原則（信義則）に反して消費者の利益を一方的に害する条項は、無効になります（10条）。更新料支払いの特約が、この条項によって無効になるかどうかが、数年来、大きな社会問題となっていましたが、最高裁から更新料特約は有効という判決が出て、一応の決着をみています（最高裁平成23年7月15日判決）。この判決によって更新料の問題が終わったと考えている方も少なくありません。

しかし、この判決は、更新料が高額過ぎなければ有効という判断を下したのみです。どのような場合に高額過ぎるのかという点については、問題が残っています。現に、賃料が5万1千円、1年ごとの更新時に15万円を支払うという契約条項について、更新料は「高額過ぎるとは直ちに断定できない」とする判決が出る一方（京都地裁平成24年1月17日判決）、同じ裁判所から翌2月には、「1年ごとの更新料上限は賃料年額の2割が相当であり、超過分は無効」との判断も下されています（京都地裁平成24年2月29日判決）。

更新料特約を検討する場合には、地域慣行や賃貸人と賃借人それぞれの考え方を参考にし、どの範囲であれば、高額に過ぎない更新料なのかを考えておく必要があります。

更新料を値上げしたい？
ああ最高裁で更新料をとっても法律違反じゃないという判決が出ている
更新料を堂々と高くしてもいいというお墨付きだからね
それは違いますよ
カホリン先生
どんな更新料も認めたものではありません
高すぎなければ無効にならないというもので高すぎれば消費者契約法違反として更新料の定めが無効となるのです。地域の慣行などから十分に検討して決めましょう

57 自力救済の禁止

賃借人が不在で連絡がとれなくなっちゃった！

数カ月前から賃借人と連絡がとれず、家賃も払ってもらっていません。半年ほど前に先方から次回は契約更新しない旨の電話がありましたが、それ以来何の連絡もなく、部屋に戻ってきている様子もありません。窓の外から部屋の中を見ても、荷物が残ったままになっているようです。すでに契約期間も満了していて、このままだと次の賃借人に貸せません。やむを得ないので、荷物を当社で部屋から搬出し、新しい賃借人を探そうと思っているのですが、よろしいでしょうか。

法的な手続によらず、自らの実力をもって権利を実現しようとすることを、自力救済といいます。自力救済は禁止されており、犯罪にもなります。自力救済は、社会的な強い非難もあり、絶対にしてはならない行為です。

契約期間が満了したにもかかわらず、部屋の中に荷物を残したままになっている場合に、鍵を勝手に開けて中に立ち入り、荷物を搬出したり、鍵を新しいものに交換したりすることは、自力救済にあたります。本件のようなケースでも、部屋の中に勝手に立ち入ることはできません。

また、契約書の中に「契約終了後に賃貸人は部屋の中に立ち入って残置物を搬出できる」という特約が定められていることもありますが、そのような特約があったとしても、公序良俗に反し、無効な特約です。やはり、無断での立ち入りや荷物の搬出が認められることはありません。

したがって、このような場合でも建物明渡しの訴訟を提起し、勝訴判決を得たうえで、強制執行手続を利用して、部屋の明渡しと、荷物の搬出を実現しなければなりません。

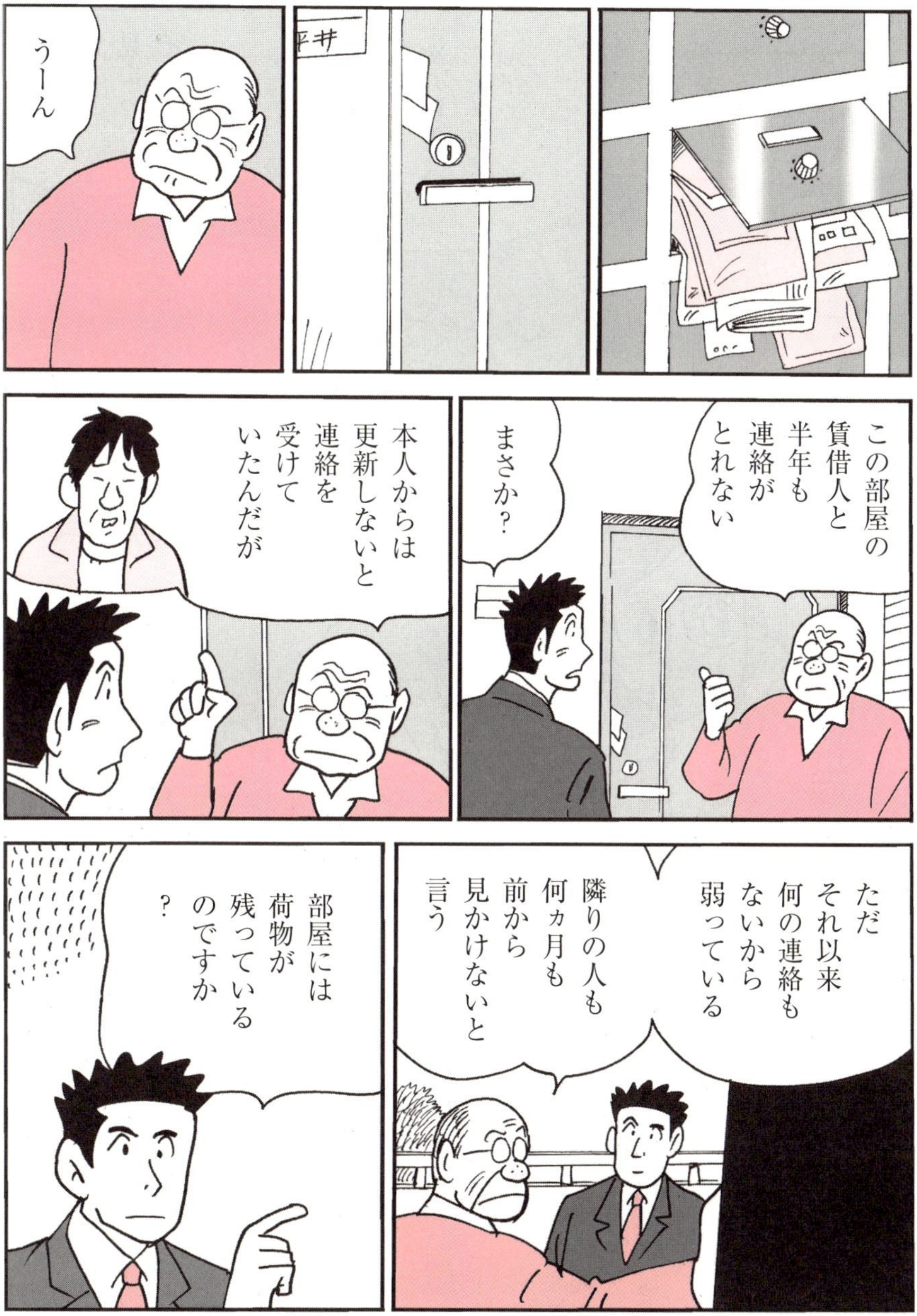

うーん
平井
この部屋の賃借人と半年も連絡がとれない
まさか？
本人からは更新しないと連絡を受けていたんだが
ただそれ以来何の連絡もないから弱っている
隣りの人も何ヵ月も前から見かけないと言う
部屋には荷物が残っているのですか？

ああ
窓から
見たら
そのままだ
契約期間も
満了して
いるから
次の賃借人の
こともある
んだよ
この
合鍵で
入って
部屋を
片づけ
るか
ちょっと
待って
ください
弁護士
さんに
聞いて
みます
ダメ
です
それは
自力救済と
いって
禁止され
ています
犯罪に
なりま
すよ
犯罪⁉

自力救済は社会的にも強く非難されています
でも契約書の中に特約があります
契約終了後に賃貸人は部屋に入り残置物を搬出できる——と仮にあっても公序良俗に反する特約です
特約は無効ですか？
建物の明渡しの訴訟を提起し勝訴した上で強制執行手続きをして初めて明渡しと搬出ができるのです
やれやれ

58 賃貸住宅管理業者登録制度

登録しているかどうかを尋ねられた！

賃貸管理の受託営業の打合せ中に、お客様から、「おたくの会社は賃貸住宅管理業者の登録はしているのか」と聞かれました。そのような登録制度は初耳で、お客様にも説明ができなかったのですが、どういう制度なのでしょうか。

従来、賃貸の代理と仲介には、宅建業法の免許制度がありましたが、自ら賃貸する場合と、賃貸管理については、公的な制度はありませんでした。

しかし今般、賃貸住宅管理業務の適正化を図るため、国土交通省告示による賃貸住宅管理業者登録制度ができ、平成23年12月1日から開始されています。賃貸住宅管理業務に関して一定のルールを設けることで、借主と貸主の利益保護を図るための制度です。この制度の対象には、貸主から委託を受けて賃貸住宅の管理を行う事業者のほか、サブリースにより管理を行う事業者も含まれます。

登録は任意であり、登録をしなくとも賃貸管理業務を行うことは可能です。しかし、登録を受けた賃貸住宅管理業者については、管理事務の対象や契約内容につき重要事項説明や契約書の交付、貸主に対する定期的な管理事務の報告などのよりきめ細かい業務が求められ、また、業者の情報が公開されますので、取引先からみれば安心して取引ができるようになります。これからは、物件所有者が賃貸管理の依頼を検討するにあたり、管理業者の登録をしているかどうかを尋ねられるようになると予想されますし、入居者が物件を選ぶ際に、入居後の管理を登録業者が行っているかどうかも、物件選択における検討要素になっていく可能性もあります。登録をしている管理業者は、国交省のウェブサイトで公開されています。

引き続きマンションの賃貸管理をさせてください
よろしく頼みます
ところで——
お宅の会社は管理会社の登録がありますかな？
もちろん宅建業者の免許はあります
いや管理の登録です
？
賃貸住宅管理業者の登録制度が始まっているのですよ
？

不動産株式
社長 賃貸住宅管理業者の 登録制度って なんですか？
お
ちょうど いま カホリン 先生と そのことを 話していた んだ
もう一度 お願い できます か？……
はい
賃貸の代理と 仲介には 宅建業法の 免許制度は 従来から ありますね
しかし 自ら賃貸する場合と 賃貸管理については 公的制度がなかったのです

そこで平成23年12月賃貸住宅管理業者登録制度ができ一定のルールを設けることで借主と貸主の利益保護を図ることにしました
賃貸住宅管理業者票
登録番号 国土交通大臣（1）第○○○○号
登録有効期間 平成○○年12月1日から平成○□年11月30日まで
商号または名称 株式会社○○○○
代表者氏名 代表取締役○山○雄
主たる事務所の所在地 東京都○○区○○○
対象は賃貸住宅の管理を行う事業者のほかサブリース業者も含まれます
不動産株式
登録は強制ですか?
いえ任意です
でも登録すれば業者の情報が公開されるため取引先から見れば信用が高まります
ということだ
わかりました

59 賃貸不動産経営管理士

賃貸管理のエキスパートの資格なんだ！

賃貸管理について、賃貸不動産経営管理士という資格があると聞きました。どのような資格なのでしょうか。

賃貸不動産経営管理士は、公益財団法人日本賃貸住宅管理協会、公益社団法人全国宅地建物取引業協会連合会、公益社団法人全日本不動産協会の3団体による賃貸不動産経営管理士協議会が運営する制度であり、賃貸管理業務の専門家としての資格です。多様化する住生活へのニーズや複雑・専門化する不動産環境に対し、紛争を未然防止する観点から、高い専門性と倫理観を持ち、テナント・入居者、所有者、管理業者のいずれにも偏らない公平な立場で業務にあたる知識・技術・能力を備えた賃貸管理業務の専門家として創設され、平成25年度からは、全国統一試験に合格し、①2年以上の賃貸業務経験者であるか、②宅地建物取引主任者であることの要件を満たした場合に登録ができます。

この資格がなくては、賃貸管理業務に携わることはできないというものではありませんが、賃貸不動産経営管理士には高い期待が寄せられています。先ほどご説明した賃貸住宅管理業の登録制度においても、賃貸不動産経営管理士がいなければ賃貸住宅管理業の登録ができないわけではありませんが、国土交通省のホームページでは、賃貸不動産経営管理士など資格者が業務の中心を担うことは有意義であるとされています。また、賃貸不動産経営管理士に登録されると、有資格者であることがインターネットにて検索できるようになっていますので、賃貸人、賃借人からの信頼を得やすくなるでしょう。

これから賃貸管理の仕事をするにあたっては、できるだけ賃貸不動産経営管理士の資格を持っておきたいものです。

というわけで ウチの会社も 賃貸住宅 管理業者と して 登録して あります
それは よかった
で あなたは？
え？
あなたは 管理士の 資格は おあり なのかな？
管理士って 管理会社の 人間ですから――
賃貸不動産 経営管理士の ことだよ
他の会社の 営業マンは けっこう 持っているよ
え？

不動産株式会
また賃貸不動産経営管理士という制度があるって聞きました
ちょうどいまカホリン先生とその話をしてたところだ
前のページで話してくださいよ
賃貸不動産経営管理士というのは賃貸管理業務の専門家の資格です
公益財団法人日本賃貸住宅管理協会
公益社団法人全国宅地建物取引業協会連合会
公益社団法人全日本不動産協会
この3団体による賃貸不動産経営管理士協議会が運営する制度です
賃貸不動産経営管理士証
氏名　○山○士
登録番号　12354
登録年月日　平成○○年○月○
登録有効期限　平成○□年□月

多様化する住生活複雑化する不動産環境に対し、トラブル等を未然に防ぐ観点から専門家としての対応ができるよう創設されました
これは強制ですか？
いえ任意です
でもこれは実務経験や専門知識を要する資格で信頼性が高いといえましょう
賃貸不動産経営管理士証
この資格者を取って業務を行うことは有意義ですよ
相手への説明も説得力があるでしょう
なるほどチャレンジしてみるか

60 ビル経営管理士

ビルマネジメントのプロフェッショナル

ビルマネジメントのプロフェッショナルとしてのビル経営管理士という資格があると聞きました。どのような資格なのでしょうか。

ビル経営管理士（CBA）は、賃貸管理のうち、ビル経営に特化した資格として、一般財団法人日本ビルヂング経営センターが運営している資格です。ビル経営管理士資格試験は、平成3年から実施されていますが、平成19年4月からは、国土交通大臣登録証明事業として実施されています。ビル経営管理士には、公的資格として、①不動産特定共同事業法における業務管理者、②不動産投資顧問業登録規程における人的要件、③不動産関連特定投資資運用業の登録における人的要件、④J-REIT の資産運用会社等の取引一任代理等の認可における人的要件という、4つの位置づけが与えられています。

現在では、ビルの経営環境はとても複雑で流動的であり、専門的な能力をもっていなければ、ビルの運営をすることはできなくなっています。そのような中で、ビルに関する企画・立案から賃貸営業および管理・運営に至るまで、ビルマネジメントのプロフェッショナルとして必要な知識と経験を有する者が資格者として、ビル経営の様々な場面で力を発揮しています。

ビル経営管理士資格を取得するためには、日本ビルヂング経営センターが毎年1回実施しているビル経営管理士試験を受けて合格し、一定規模以上の賃貸ビルの経営管理に関し3年以上の実務経験を有するなどの実務経験要件が必要です。資格取得はそれほど容易ではありませんが、社会的にも高い評価を受けており、これからますます注目されていく資格です。

会議室
わが社もビルマネジメント業に進出したい
そこで本日はビルマネジメントに詳しい人を招いている
ビル経営管理士で建築士の渡辺です
カホリン先生の先輩でもあられる
ビル管理とマンション管理は違いますか？
ビルの経営環境はとても複雑で流動的なので特別な専門知識が必要です

その中でビルに関する企画・立案から賃貸営業および管理・運営まで行うのです
当然資格はありますね？
ビル経営管理士（CBA）というのがあります
ビル経営管理士には公的資格として不動産特定共同事業法における業務管理者不動産投資顧問業登録規程における人的要件など4つの位置づけが与えられております

どうしたら資格を得られるのでしょう?
ビル経営管理士資格を取るには日本ビルヂング経営センターが毎年1回実施しているビル経営管理士試験を受験します
BMI
これに合格し一定規模以上の賃貸ビルの経営管理に3年以上の実務経験が必要となります
かなり難関ですがそれだけに社会的評価も高いのです
今後増々注目されていく資格です
がんばって取ろう
わたしももっとスキルアップしなくちゃ

弁護士　吉田　可保里（よしだ　かほり）略歴

弁護士、一級建築士、宅地建物取引主任者
北海道大学工学部建築工学科卒業後、大手マンションデベロッパーに入社。マンション分譲事業における用地取得段階から建物完成、引渡しに至るまでの設計及び施工の監理等、プロジェクトリーダーとして計画全体のマネジメントに従事。マンション耐震偽装事件をきっかけに、不動産業界のコンプライアンス意識を高め、信頼を回復することに寄与したいと考え、弁護士になることを決意。青山学院大学法科大学院を経て新司法試験合格。現在は、不動産・建築に関する実務経験と専門知識を活かして様々なトラブル解決にあたっている。
第二東京弁護士会住宅紛争審査会運営委員

図解不動産業
不動産取引《ふどうさんとりひき》のコンプライアンス入門《にゅうもん》

平成25年4月8日　初版発行

吉《よし》　田《だ》　可保里《かほり》　著
藤《ふじ》　井《い》　龍《りゅう》　二《じ》　画
監修者　渡辺　晋
発行者　中野孝仁
発行所　㈱住宅新報社
（本社）〒105-0001　東京都港区虎ノ門３－11－15（SVAX TTビル）
編集部　電話（03）6403-7806
出版販売部　電話（03）6403-7805
URL　http://www.jutaku-s.com

大阪支社　〒541-0046　大阪市中央区平野町1-8-13（平野町八千代ビル）　電話（06）6202-8541㈹

印刷・製本／藤原印刷㈱　Printed in Japan
落丁本・乱丁本はお取り替えいたします。　ISBN978-4-7892-3587-7　C2030